리추얼, 하루의 리듬

Anselm Grün, *Rituale, die gut tun. Jeden Tag erfüllter leben* edited by Rudolf Walter
© 2022 Verlag Herder GmbH, Freiburg im Breisgau

Korean translation © 2025 Catholic Publishing House

All rights reserved. No part of this book may be used or reproduced in any manner without written permission, except in the case of brief quotations embodied in critical articles or reviews.

리추얼, 하루의 리듬

2025년 2월 7일 교회 인가
2025년 6월 30일 초판 1쇄 펴냄

지은이 · 안셀름 그륀
옮긴이 · 황미하
펴낸이 · 정순택
펴낸곳 · 가톨릭출판사
편집 겸 인쇄인 · 김대영
편집 · 김지현, 강서윤, 김지영, 박다솜
디자인 · 강해인, 이경숙, 정호진
마케팅 · 임찬양, 안효진, 황희진, 노가영

본사 · 서울특별시 중구 중림로 27
등록 · 1958. 1. 16. 제2-314호
전자우편 · edit@catholicbook.kr
전화 · 1544-1886(대표 번호)
지로번호 · 3000997

ISBN 978-89-321-1956-4 03230

값 28,000원

성경 ⓒ 한국천주교중앙협의회, 2025.

이 책의 한국어 출판권은 (재)천주교서울대교구 가톨릭출판사에 있습니다.
저작권법에 의해 보호를 받는 저작물이므로 무단 전재와 무단 복제를 금합니다.

가톨릭의 모든 도서와 성물, 디지털 콘텐츠를 '가톨릭북플러스'에서 만날 수 있습니다.
https://www.catholicbookplus.kr | (02)6365-1888(구입 문의)

리추얼,
하루의 리듬

Rituale,
die gut tun

안셀름 그륀 지음 · 황미하 옮김

가톨릭출판사

이 책의 활용법

이 책은 월간 〈단순한 삶Einfach Leben〉에 실렸던 의식儀式에 관한 글을 엮은 것입니다. 의식의 배경과 이유뿐만 아니라, 우리가 경험하는 다양한 상황에서 할 수 있는 방법을 소개합니다. 일부 의식들은 그 형태나 방식이 유사하고, 되풀이된다는 느낌도 들 것입니다. 의식을 거행하는 데 적용되는 전제 조건들이 있기 때문입니다. 이를테면 의식적意識的으로 시간을 내는 것, 고요한 공간을 찾는 일입니다.

먼저 어떤 의식을 거행하고 싶은지, 어떤 의식이 유익할지 생각해 보세요. 감정에 집중하면서 자신에게 맞는 의식을 찾습니다. 그리고 자신의 상황에 맞춰 바꿔야 할 부분이 있는지 살펴봅니다.

이 책에서는 다양한 상황에 지혜롭게 대처하는 방법을 알려 줍니다. 특히 일상생활, 인간관계, 슬픔에 대처하기 위한 의식들이 중요하게 다루어집니다. 나아가 교회 전례력에 따라 거행하는 의식들과 개인 차원에서 거행하는 의식들도 소홀히 할 수 없습니다. 그렇지만 의식을 모든 문제의 해결책으로 삼아서는 안 됩니다.

우리는 올바른 방향으로 흘러가는 삶을 통해 안정감을 느낍니다. 그것은 우리가 맞닥뜨리게 될 힘든 상황을 이겨 내는 용기와 힘이 될 것입니다. 살다 보면 자기 자신이 피해자처럼 여겨질 때가 있습니다. 일이 잘 풀리지 않을 때, 사람들과의 관계가 힘들어질 때, 우울한 기분이 엄습할 때, 사랑하는 사람을 잃었을 때 특히 그렇습니다. 의식은 어려움에 직면한 우리에게 해결할 힘이 있다는 것을 알려 줍니다.

우리는 의식을 거행하면서 몸과 마음이 치유되는 것을 느낄 수 있습니다. 또 수동적인 태도와 늘 행복해야 한다는 심리적 부담에서도 벗어나게 합니다. 단지 힘든 상황을 벗어나기 위해 의식을 행하는 것은 아닙니다. 의식은 우리의 일상이 순리대로 이어질 수 있게 하며 삶에 더 집중할 수 있도록 이끌어 줍니다. 또 시간의 신비를 깨닫게 합니다. 시간은 우리가 하루를 보내는 가운데 그리고 계절에 따라 새로운 방식으로 모습을 드러냅니다.

이 책을 읽으면서 삶을 새로운 차원으로 이끌어 줄 당신만의 의식을 찾기 바랍니다. 당신의 삶에 신뢰와 희망, 의미와 중요성, 신비와 아름다움, 사랑이 깃들기를 기원합니다. 의식을 행하면서 우리를 치유하시고 좋은 곳으로 이끄시는 하느님을 가까이 느끼기를 바랍니다. 또 당신 내면의 진짜 모습을 마주하며 당신의 삶을 더 단단하게 꾸려 가기를 바랍니다.

머리말

몇 년 전부터 의식에 대한 새로운 요구가 생겨났습니다. 미사 전례와 같은 종교적 의식을 넘어서, 일상을 살아가는 데 필요한 개인적인 의식, 그리고 가정과 기업, 사회적인 관계를 규정하는 의식에도 관심이 높아지고 있습니다. 이는 월드컵이나 올림픽 경기와 같은 대규모 행사에서 분명하게 드러납니다. 국제 행사에서는 단순히 경기를 넘어선 공통된 의식이 거행됩니다. 개회식과 폐회식은 물론이고, 경기 시작 전 국가 연주나 선수들의 입장 행진 등은 단순한 절차가 아닙니다.

문화, 스포츠 행사에서 대규모로 거행하는 의식은 초월적인 것에 마음을 열고자 하는 인간의 욕구를 표현합니다. 이는 어쩌면 점차 흐려지고 있는 종교성의 또 다른 표현일 수도 있습니다.

최근에는 심리학, 사회학, 신학, 종교학 등에서 '의식'이라는 주제를 집중적으로 다루고 있습니다. 사회학자 칼 가브리엘Karl Gabriel은 모든 학문적 접근을 포괄하는 의미에서 의식을 설명합니다.

"단순한 형태로 반복해서 표현하는 행위가 우리의 일상을 새롭게 바꾼다. 이것이 의식이다."

지극히 개인적인 의식도 많습니다. 낮이 밤으로, 오늘이 내일로, 올해가 내년으로 넘어갈 때 거행하는 의식들이 그러합니다. 인간이 태어났을 때와 죽을 때, 성인이 되었을 때, 중년기에, 그리고 노년으로 넘어갈 때 거행하는 매우 보편적인 의식들도 여기에 해당합니다.

'예식Ritus' 또는 '의식Ritual'이라는 용어는 그리스어에서 수, 숫자를 의미하는 '아리트모스arithmos'에서 유래했습니다. 어원에 따르면 의식은 수를 세듯, 특정한 모습(형태)으로 드러나는 것입니다. 인도어 어근 '르타rtáh'는 '적절한', '옳은'을 뜻합니다. 인간은 각자 삶의 리듬에 따라 적절하고 올바른 의식을 거행해야 한다는 의미입니다. 그러나 이렇게 정의를 내리기보다는 의식을 직접 체험해 보는 것이 본질에 더 가까이 다가가는 방법입니다.

삶 위에 하늘을 열어 주는 의식

의식은 우리 삶 위에 하늘을 열어 줍니다. 이 말의 의미는 의식이 단순한 일상적 습관이나 틀에 박힌 태도 그 이상임을 뜻합니다. 의식은 종교적인 뿌리를 가지고 있으며 우리 삶 전체가 하느님 안에서 완성된다는 진리와 하느님의 신비로 스며들고자 하는 우리의 갈망을 깨닫게 합니다. 또 우리를 치유해 주시고 사랑해 주시는 하느님께서 얼마나 가까이 계시는지 깨닫게 합니다. 늘 함께하시는 하느님은 우리에게 하늘을 의미합니다.

저는 의식을 거행하며 하느님의 현존을 더 강하게 느낍니다. 그분은 저를 지탱해 주시고 감싸 주십니다. 저는 내면에서 들리는 소리에 귀를 기울이며 하느님께서 말씀하시는 것들을 알아차립니다.

시간의 문을 닫고 여는 의식

인간의 탄생과 죽음, 낮과 밤, 일할 때와 쉴 때 할 수 있는 의식들은 '문을 닫고 여는 의식'이라고 표현할 수 있습니다. 하루를 제대로 마무리하지 않으면 편안히 밤을 보낼 수 없습니다. 낮에 경험한 일들이 '밤'이라는 시간에 계속 머물러 있기 때문입니다. 과거의 문을 닫아야 이 순간에 온전히 머무를 수 있습니다. 의식은 우리를 이 순간에 오롯이 머물게 합니다. 그래야 삶이 명확하게 전개되고, 진정한 만남이 가능해지며, 그 순간에 몰입할 수 있습니다.

솔직한 감정을 표현하는 기회

의식은 다른 사람을 위해 무언가를 하도록, 그리고 평소에는 전할 수 없던 마음을 표현할 수 있게 합니다. 또 우리가 다른 사람을 향하도록 합니다. 의식은 인간관계에서 종종 느끼는 심리적 부담을 떨쳐 내게 합니다. 누군가의 생일을 축하할 때, 우리는 마음을 담아 축하와 축복의 말을 건넵니다. 축하를 위한 의식은 서로를 더욱 친밀하게 만듭니다. 길게 말하지 않아도 마음을 전할 수 있습니다. 의식은 상대방에게 느끼는 감정을 다양한 형태로 표현할 수 있도록 돕습니다.

관계를 심화하는 의식

생일, 축일, 기념일 등의 축하식에서 중요한 것은 상대방과의 관계입니다. 주인공은 언제나 주목받습니다. 이러한 의식은 주로 축하와 축복의 말을 주고받으며 이는 상대방과 더 깊은 관계를 만들어 줍니다. 생일 잔치를 화기애애한 분위기 속에서 잘 마무리했다면 주인공과 더 좋은 관계를 이어갈 수 있으며 그 자리에 함께한 이들과도 친밀해질 수 있습니다. 최근에는 다양한 의식(이벤트)들을 마련해서 직원들의 사기를 높이려고 노력하는 기업도 많습니다. 그뿐만 아니라 인간관계가 고려되지 않으면 일의 성과가 떨어진다는 연구 결과도 속속 나오고 있습니다.

자신을 알아 가는 시간

저는 아침에 일어나면 오늘 하루와 제 삶을 축복합니다. 이는 저만의 의식입니다. 이로써 '그저 살아지는 하루'가 아니라 '능동적으로 살아가는 삶'임을 확인합니다. 저는 조화로운 삶을 살아가길 바라고, 삶에 선명한 무늬를 그려 넣고 싶습니다.

우리는 의식을 행하며 자신을 알아 갈 뿐만 아니라 함께 어울려 사는 기쁨을 배웁니다. 삶이 축제라는 철학자들의 말처럼, 의식은 우리 삶을 다채롭고 풍요롭게 만들어 줄 뿐만 아니라 우리가 속한 공동체의 정체성과 뿌리를 알게 합니다.

거룩함으로의 초대

거룩함은 세속적이거나 평범한 일상과는 다른 차원입니다. 세속은 거룩함에 영향을 미칠 수 없습니다. 고대 그리스인이 이해한 바에 따르면, 거룩함은 인간을 치유할 수 있습니다.

거룩한 시간은 세속적인 것이 들어올 수 없는 시간, 다른 사람들이 마음대로 할 수 없는 시간입니다. 바로 내가 어떤 의식을 행하는 시간입니다. 이 시간 동안 나는 자유로이 숨 쉴 수 있습니다. 심리학자 하이코 에른스트Heiko Ernst는 이렇게 말했습니다.

"세상은 의식으로 평화로워진다. 우리도 그러하다."

거룩한 시간은 평화로운 시간, 하느님의 안식에 참여하는 순간입니다. 이는 '크로노스chronos', 시곗바늘로 정해지는 시간, (고대 신화에 등장하는) 나를 잡아먹으려는 시간이 아닙니다. 오히려 '카이로스kairos', 곧 편안한 시간, 선물로 받은 시간, 은총의 시간, 우리가 누리는 거룩한 시간입니다. 이 시간을 통해 내면에 있는 거룩한 영역은 세상이 점유할 수 없음을 깨닫게 됩니다.

의식은 기억을 불러일으키는 표지다

의식은 우리를 내면으로 이끌어 줍니다. 또 하느님께서 내 곁에, 그리고 내 안에 계심을 깨닫게 합니다.

어린 시절, 함께 산책하던 아버지는 성당 옆을 지날 때마다 경건한 자세로 모자를 벗었습니다. 경외심이 느껴졌던 아버지의 행동은 제 마음에 큰 울림을 주었습니다. 아버지의 삶에서 하느님이 얼마나 중요한지 성당 옆을 지날 때마다 느낄 수 있었습니다.

우리가 우연히 마주치는 성당은 단순한 건물이 아닙니다. 오랜 세월 수많은 이들의 기도가 쌓인 공간이며, 고요하고 웅장한 침묵 속에서 다양한 메시지를 건네는 곳입니다. 성당에서 울리는 종소리는 우리가 마음을 모아 하느님을 떠올릴 순간이라고 알려 줍니다. 단순히 미사에 참례하거나 어떤 기도를 바쳐야 한다는 것을 넘어 우리 마음에 울리는 그분의 목소리에 귀를 기울이라는 메시지입니다.

성당 종소리는 '삼종기도'를 떠올리게 합니다. 이 기도를 바치면서 천사가 마리아에게 전한 말을 묵상하고, 마리아가 그랬듯 하느님께서 지금 우리에게 바라시는 것에 마음을 열어야 합니다.

의식은 고향을 만들어 준다

저의 부모와 조부모가 해 오던 의식을 할 때마다 저는 고향에 온 듯한 느낌을 받습니다. 여기서 고향은 향수를 불러일으키는 감상적 차원의 말이 아니라, 독일어의 어원에 비추어 이해할 수 있습니다. 독일어로 '고향Heimat'과 '집Heim'과 '신비Geheimnis'는 서로 연결되어 있습니다. 신비가 감도는 집, 하느님의 신비가 에워싸는 곳이 우리의 실제적 고향입니다. 저는 수도회의 모든 수도자가 전통적으로 전해져 오는 의식을 함께할 때마다 끈끈한 형제애를 느낍니다. 우리는 공동체의 뿌리에 연결되어 있습니다. 홀로 지내는 노인들은 오래전부터 해 오던 의식을 행하면서 자신의 삶을 지탱한 데서 오는 편안함과 성취감을 느낄 수 있습니다. 의식을 거행하면서 저는 혼자가 아니라고 느낍니다. 의식을 거행하면서 하느님께서 곁에 계시며, 그분의 부드러운 사랑이 저를 감싸 준다고 확신합니다.

의식은 나의 뿌리를 생각하게 한다

우리는 조상들이 거행했던 의식을 통해 그들의 생명력과 믿음의 힘을 이어받습니다. 조상들은 전쟁, 질병, 가난으로 지쳐 있던 시기에 특별한 의식으로 힘을 얻었습니다. 의식은 그들이 어려움을 이겨 내고 삶을 지탱해 나가는 방법이었습니다. 우리는 의식을 거행하면서 조상들의 믿음을 배우고, 우리와 연결된 뿌리를 깨닫게 됩니다. 의식을 거행하며 뿌리와 교류하는 것은 우리에게 큰 도움이 됩니다. 이는 거센 폭풍우에도 쓰러지지 않을 만큼 우리를 굳건히 해 줍니다.

의식은 내 삶이 성공할 거라는 확신을 준다

우리는 성공이 초에 불을 밝히거나 묵상에 달리지 않았다는 것을 잘 알고 있습니다. 그런데도 우리는 초에 불을 붙이면서 하느님의 빛이 내 안의 어둠을 비추고, 그 빛은 어둠보다 강하며, 그분의 사랑이 세상 추위를 녹인다고 믿습니다.

저는 의식을 거행하면서 하느님의 약속을 떠올립니다. 하느님께서는 야곱에게 이렇게 말씀하셨습니다.

"내가 너에게 약속한 것을 다 이루기까지
너를 떠나지 않겠다."(창세 28,15)

하느님께서는 우리와 하신 약속도 꼭 이루어 주실 것입니다. 그분은 당신의 아드님이신 예수 그리스도를 통하여 구원을 약속하셨고, 우리는 그 몫을 나누어 받았습니다. 저는 의식을 거행하면서 하느님의 약속에 대한 믿음과 성공, 그리고 그것으로 온전해질 제 삶을 표현합니다. 하느님께서 저에게 하시는 말씀과 그분의 계획을 믿습니다.

차례

    이 책의 활용법   5
    머리말   7

1장 | **하루의 리듬**   19
     나의 하루 꾸려 가기

2장 | **한 해의 리듬**   53
     계절의 변화에 따라 살기

3장 | **내면의 리듬**   91
     자신의 중심에 머물기

4장 | **친교의 리듬**   141
     사람들과 관계 맺고 가꾸기

5장	삶의 조화	195
	일과 휴식의 균형 찾기	
6장	삶과 죽음의 신비	229
	슬픔 이겨 내기	
7장	축복의 상징들	261
	삶을 이끄는 거룩한 표지	
8장	신앙생활의 리듬	281
	전례력에 따라 사는 신앙인의 삶	

맺음말　　　　　　　　　　　　338
옮긴이의 말　　　　　　　　　　340

1장

하루의
리듬

나의 하루
꾸려 가기

손가락 사이로 물이 빠져나가듯 하루하루가 쏜살같이 흘러갑니다. 하루가 지나면 또 다른 하루가 다가옵니다. 우리는 정신없이 하루를 지내다가 밤이 되면 녹초가 되어 잠자리에 듭니다.

의식은 이 하루가 다시 돌아오지 않는 귀중한 순간이며, 하느님의 축복임을 되새기게 합니다. 오늘 하루가 그저 '살아지는 것'이 아니라 스스로 '사는 것'임을 알게 합니다. 이렇게 하루를 주도적으로 살아가는 사람은 외부의 환경이나 상황에 흔들리지 않습니다. 의식을 통해 내면과 교류하며 주도적으로 사는 오늘은 어제와는 다릅니다. 내 삶의 기준은 바로 나입니다. 다른 사람들이 만들어 둔 기대치에 충족해야 한다고 생각하는 사람이 많지만, 그런 기준은 우리의 영혼을 피폐하게 만들기 쉽습니다.

의식은 삶의 균형을 유지하게 합니다. 우리는 하루를 스스로 꾸려

갑니다. 그리고 그 하루에 고유한 무늬를 그려 넣으려 합니다. 우리는 의식을 통해 하루의 리듬을 생각합니다. 낮과 밤의 리듬을 감지하며 사는 사람은 아침과 저녁이 다르고 오전과 오후가 다르다는 것을 압니다. 의식을 통해 하루의 리듬에 따라 사는 사람은 자신이 선물로 받은 시간을 체험합니다. 시간은 몸과 마음을 회복시킵니다. 인간은 태아 때부터 모태 안에서 리듬을 탔습니다. 의식을 통해 내적 리듬에 주목하는 사람은 하느님이 선물해 주신 자신의 본질에 따라서 삽니다. 이는 우리의 몸과 영혼에 유익한 일입니다.

1장에서는 하루의 리듬을 찾는 다양한 의식을 소개합니다. 하느님의 축복 안에서 매 순간을 능동적으로 살아가는 방법과 우리 대면의 리듬에 주목하여 시간의 흐름을 느끼고 그 안에서 회복과 활력을 얻는 방법도 함께 나눕니다.

지난밤 꿈

아침에 눈을 뜨자마자 지난밤에 꾸었던 꿈을 떠올려 보는 것도 아침에 할 수 있는 좋은 의식입니다. 꿈 가운데 일부 또는 개별 장면들이 떠오를 수 있습니다. 이러한 꿈들은 지금 나의 내면 상태가 어떤지, 마음을 모아 골몰하는 일이 무엇인지 알려 주는 표지입니다. 꿈은 때때로 상징적인 몇 가지 장면을 통해 나의 본모습을 보여 줄 뿐 아니라, 동시에 내가 나아가야 할 방향이나 해야 할 일을 알려 줍니다. 이는 무의식적인 영역에서 오는 메시지이므로 우리 삶에 중요한 단서가 될 수 있습니다.

꿈은 종종 긍정적인 메시지를 전해 줍니다. 내가 가진 생명력과 성숙함을 보여 주기도 하고, 단조롭고 암울한 일상을 보내는 나에게 내가 얼마나 다채롭고 상상력이 풍부한 사람인지 알려 주기도 합니다. 어떤 꿈들은 답답함이나 불안, 두려움과 같은 감정을 남겨 놓기도 합니다. 이는 내 안에 나를 몰아대는 그 무엇이 있는지 더 자세히 들여다보라는 신호입니다. 드넓음과 자유, 기쁨과 내적 확신을 선사하는 꿈도 있습니다.

이렇게 꿈을 탐색하는 것은 오늘 하루를 더 기쁘고 자유롭게 보내는 데 큰 도움이 될 수 있습니다. 기쁨을 주는 꿈의 장면들이 나에게 긍정적인 영향을 미치면, 우리는 오늘 하루를 그 힘으로 살아갈 수 있으며 세상의 기준으로 우리 자신을 규정하지 않게 됩니다. 이러한 자기 이해는 단순히 기분 좋은 상태를 넘어섭니다. 우리는 두려움이나 체념이 아니라 더 단단해진 마음의 눈으로 삶을 바라보게 될 것이며, 이는 우리에게 새로운 희망과 활력을 불어넣어 줄 것입니다.

희망이 충만한
아침

이달에는 해가 떠오르는 모습을 의식적意識的으로 바라보겠다고 결심해 보세요. 아침에 해가 떠오르는 모습을 바라보고 세상에 어떤 분위기가 감도는지 느껴 보세요. 이어서 당신 내면으로 들어가세요. 태양이 떠오르면 점차 어둠이 사라집니다.

세상이 밝아지는 모습이 어떻게 보이나요? 어떤 생각이 드나요? 이 아침이 어떻게 느껴지나요? 상쾌한 아침 공기를 느끼고, 냄새도 맡아 보세요. 하루가 시작되는 이 순간에 감사하며 아침 햇살을 즐기세요. 창문을 활짝 열고, 방 안으로 들어오는 아침 공기를 마셔 봅니다. 그리고 하느님께서 우리를 맑고 순수한 영으로 새롭게 하시고 활기차게 해 주시는 모습을 그려 보세요.

아침 시간은 하느님의 새로움으로 숨을 쉽니다. 당신의 몸과 마음은 다시 회복됩니다. 하느님께서는 우리가 새로운 날을 보낼 수 있도록 충만한 에너지를 주십니다. 우리는 하느님의 은총 안에서 이 하루를 온전히 받아들일 준비를 합니다. 그리고 감사 기도로 하루를 시작합니다.

이제 오늘 할 일을 생각하세요. 어떤 일정들이 잡혀 있나요? 오늘이 무슨 날인지 생각하고 어떤 거룩한 일들이 오늘 하루를 빛나게 할지 상상해 보세요. 오늘 해야 할 모든 일이 잘 이루어지도록, 그리고 하느님의 영이 이 하루를 가득 채워 주시기를 청하세요. 우리의 모든 계획과 결정을 이끄시는 하느님을 떠올려 보세요. 하느님과 함께하는 아침 의식을 통해 당신은 이 하루를 주도적으로 살아갈 수 있습니다. 선물로 받은 이 아침과 하루라는 시간에 어떤 무늬와 자취를 남기고 싶은지 생각해 봅니다.

오늘 하루를
축복하라

두 손을 높이 들어 우리 가족과 지인들을 축복하는 것도 아침에 할 수 있는 의식입니다. 우리는 그들을 지나치게 걱정할 필요가 없습니다. 하느님께서 그들을 지켜 주시고 함께하시기 때문입니다. 우리의 축복으로 하느님의 사랑이 주변 사람들에게 흘러듭니다. 나는 하느님께서 그들을 감싸 주시는 모습을 그려 볼 수 있습니다. 이 시각화는 우리의 기도를 더욱 생생하게 만들고, 하느님의 섭리에 대한 믿음을 더 굳세게 합니다.

우리가 사는 집으로도 축복이 흘러들게 할 수 있습니다. 어느 방에 들어서면 부정적인 감정이 들 때가 있습니다. 가족 간의 다툼, 어그러진 대화, 그 방에서 겪은 상처가 떠오릅니다. 하느님의 축복을 이곳으로 보내면, 새로운 마음으로 그곳에 머물 수 있습니다. 그곳은 이제 하느님의 축복이 가득합니다.

영혼을 위한
아침 의식

아침에 하는 샤워를 정화 예식으로 생각하면서 우리 몸의 더러움 뿐만 아니라 영혼까지 씻어 준다고 생각해 보세요. 당신의 참모습을 가리는 것들, 다른 사람들이 덧씌운 모습들, 다른 사람들이 거는 기대, 주변의 씁쓸한 말이나 독설, 주변 사람들의 불만족 등이 물과 함께 천천히 씻겨 내려갑니다. 순화되지 않거나 모욕적인 말들을 흘러내리는 물과 함께 떠내려 보내세요.

예수님께서 요르단강에서 세례를 받으시고 물에서 올라오셨을 때 "너는 내가 사랑하는 아들, 내 마음에 드는 아들이다."(마르 1,11)라던 하늘의 소리를 상상해 보세요. 물줄기를 맞으며 자신을 감싸안으세요. 이제 당신을 완전히 받아들이면서 자신이 정화되었다고 느낄 수 있을 것입니다.

하늘이 열린다

하루를 시작하며 두 손을 높이 들고 다음과 같이 생각해 봅니다.
'하느님께서 하루를 열어 주신다. 오늘은 그분의 축복 아래 있다.'
큰 희망 없이 이날을 시작하는 이들에게도 하늘이 열린다고 상상하세요. 당신의 기도가 그들에게도 전달될 것을 믿으세요. 두 손을 위로 올린 상태에서 가벼움과 드넓음을 느껴 보세요. 몸과 마음을 짓누르던 모든 것에서 벗어나 자유로움을 만끽하는 순간입니다. 이 드넓음을 안고서 오늘 하루로 힘차게 들어가 봅니다. 우리의 대화 속에, 어떤 갈등 안에, 힘든 모임에서도 하늘이 열립니다. 하늘이 열리면 비좁고 꽉 막힌 상황이 드넓음과 희망으로 바뀝니다. 높이 든 두 손을 통해 희망이 당신 안으로 흘러온다고 생각합니다. 당신은 이 의식을 통해 내면의 평화와 강인함을 얻습니다.

쉼

빵 한 조각으로 점심을 때우면서 일을 이어 가는 사람이 많습니다. 사람들은 점심 휴식 시간에 제대로 쉬지 못합니다.

휴식 시간에도 삶을 새롭게 꾸릴 수 있습니다. 먹는 것을 즐기는 사람은 음식을 천천히 씹으며 맛을 느낍니다. 어떤 사람은 바닥에 조용히 누워 있거나 안락의자에 편안히 기대어 휴식을 취합니다. 그러면서 자신의 숨에 집중합니다.

자신의 휴식 시간에 만족하는지 살펴보세요. 만족하지 않는다면 달리 무엇을 할 수 있을지 생각해 보고 쉴 수 있는 시간을 마련하세요. 그리고 당신에게 필요한 게 무엇인지 생각하세요. 당신은 다른 사람들과 만나 이야기를 나누며 에너지를 얻습니까? 아니면 그저 혼자서 조용히 쉬고 싶은가요?

저에게는 수도원에서 취하는 점심 휴식이 큰 도움이 됩니다. 수도

자들은 새벽 4시 40분에 일어나 오전 일정을 보낸 뒤에 낮 기도를 바칩니다. 낮 기도는 중간 휴식과 같습니다. 일하면서 든 여러 가지 생각을 내려놓고 공동으로 노래하며 바치는 시편 기도에 몰입하라는 초대입니다. 이렇게 낮 기도를 바친 뒤에는 공동으로, 그러나 침묵하면서 점심을 먹습니다. 그런 가운데 격한 감정들 일부가 가라앉습니다.

점심 식사 후에 제가 하는 중요한 의식은 30분 정도 침대에 누워 자는 것입니다. 깊이 잠들지 않더라도, 아무것도 하지 않은 채 멍하니 머뭅니다. 그러면서 많은 것들을 내려놓습니다. 그러는 동안 오전에 잘 진행되지 않았던 일들을 잊기도 합니다.

저는 낮잠을 잘 때 먼저 '예수 기도'를 바칩니다. 이때 자신을 감싸듯 두 팔을 가슴 위에서 교차시킵니다. 이렇게 안정적인 자세를 취하면서 '예수 기도'를 바칩니다. 숨을 들이쉬며 "주 예수 그리스도님", 숨을 내쉬면서 "저에게 자비를 베푸소서."라고 말합니다.

이렇게 기도하는 동안 오전에 상처받은 마음이 치유됩니다.

스트레스를
떨쳐 내라

저녁이 되면 하루 동안 받은 스트레스로 우리 몸과 마음이 녹초가 됩니다. 우리는 내면의 샘과 다시 만나기를 갈망합니다. 이 샘은 마르지 않고 끊임없이 솟아나는 생명의 근원입니다.

누군가에게는 묵상이 자신의 근원과 교류하는 방법입니다. 숨을 내쉬면서 하루 동안 뒤집어쓴 '먼지', 걱정과 문제들, 내 영혼에 자리 잡은 것들을 쏟아 냅니다. 숨이 영혼의 근원에 이르고, 거기서 샘이 흐르는 모습을 그려 봅니다. 그런 다음 숨을 들이쉬면서 신선한 샘물이 몸 안으로 흘러드는 상상을 합니다.

자연을 산책하며 생기를 얻는 사람도 있습니다. 자연 속에서 그는 무한한 생명력을 나누어 받습니다. 그는 시원한 저녁 공기를 마시며, 창조 세계에 스며 있는 하느님의 거룩한 영이 자신에게 흘러드는 것을 느낍니다. 그는 또 자연을 평가할 수 없다는 것을 깨닫습니다. 자연 속에서는 아무것도 하지 않아도 됩니다. 자연은 일에 대한 많은 생각과 결과를 내려놓고 자신을 에워싸고 있는 생명에 모두 맡겨 보라고 우리를 초대합니다.

어떤 사람은 조깅을 하면서 일할 때 위로 올라온 감정들, 걱정과 불안, 두려움, 자신을 짓누르는 것들을 털어 냅니다. 걷는 것, 숲이나 들에서 산책하는 것, 달리는 것은 우리를 억압하는 것들에서 벗어날 수 있는 바람직한 방법입니다. 덴마크의 철학자 쇠렌 키르케고르 Sören Kierkegaard는 "벗어나지 못할 근심은 없다."고 말했습니다. 조깅은 천천히 달리면서 내면의 힘과 다시 교류하게 만듭니다. 몸은 피곤하더라도, 샤워를 하고 나면 내적으로 다시 생기가 넘치고 마치 새로 태어난 듯한 느낌이 듭니다. 스트레스로 인한 긴장은 완화됩니다.

누구에게나 스트레스를 완화하는 고유한 의식이 있습니다. 이때 중요한 것은, 자기 자신을 들여다보는 것, 스트레스를 놓아 버리는 데 도움이 될 만한 게 무엇인지 살펴보는 것입니다.

"나는 무엇에 흥미가 있는가? 나에게 무엇이 유익할까?"

이런 질문은 복잡한 생각에서 벗어나는 데 도움이 됩니다.

회복을 위한
멈춤

 일을 마치고 지친 몸으로 집에 돌아왔다면 더는 새로운 일을 찾지 마세요. 아무것도 하지 말고 15분 정도 침대에 누워 휴식합니다.
 눈을 감으세요. 그런 가운데 느껴지는 무게를 즐기세요. 잠을 자거나 긴장을 풀 필요도 없습니다. 그 어떤 이유로도 자신을 압박하지 마세요. 그저 침대에 누워 있고 지금은 아무것도 할 필요가 없다는 것만 생각합니다. 어떤 의무나 기대 없이 자신에게 온전한 휴식을 선물하세요. 아무 생각도 하지 말고 그저 멍하게 머뭅니다. 그러다가 잠이 들면, 그것도 좋습니다. 침대에 누워 이렇게 말해 봅니다.
 "나는 아무것도 할 필요가 없다. 하느님의 손에 나를 맡긴다. 내 안에서 들리는 말에만 집중한다. 나는 새로운 마음으로 무엇이든 해낼 수 있다."

일과 후의
자유 시간 보내기

당신이 좋아하는 것들로 일과 후의 자유 시간을 채워 보세요. '자유 시간Feierabend'이라는 말은 축제일 전야가 이미 축제임을 가리키는 말에서 유래했습니다. 사람들은 이미 축제를 즐기는 마음으로 전야를 보냅니다. 오늘날에는 '자유로운 저녁 시간'을 의미하는 말로 사용합니다. 저녁에는 일을 쉬고 그 시간을 즐기라는 뜻일 겁니다. 독일어로 '축제일(축일)Feiertag'은 라틴어 '페리에feriae'에서 나왔는데, 이 단어는 '일을 쉬는 축제일, 종교적 행위를 하기로 규정한 날'을 뜻합니다.

일과 후의 자유 시간이라는 말에는 실제로 그 시간이 자유로워야 하며 일이나 활동으로 채우지 말아야 한다는 의미가 깃들어 있는 듯합니다. 축제일과 일과 후의 자유 시간은 하느님과 연관되어 있습니다. 우리의 삶은 하느님의 손안에 있고, 다른 사람들이나 경제적 요구에 따라 규정할 수 없습니다.

일과 후의 자유 시간은 우리를 일상 그 너머로 올려 줍니다. 그리고 우리를 삶의 근원인 하느님과 교류하게 합니다. 따라서 우리에게는 축제를 지낸다는 것을 표현하는 의식이 필요합니다. 의식은 우리가 일을 해내야 한다는 부담에서 벗어나 이익을 따지지 않는 드넓은 자유의 시간으로 안내합니다. 의식을 거행하는 시간은 우리에게 속해 있습니다. 우리는 하느님 앞에서 이 시간을 보내고, 선물로 받은 이 순간을 누립니다. 의식은 우리 삶의 가치를 알려 줍니다.

매니저로 일하는 어떤 이는 집으로 돌아오면 바로 샤워를 하고 편한 옷으로 갈아입는다고 합니다. 그것이 마치 의식을 위한 '예복'처럼 느껴집니다. 그는 편한 옷을 입고 여유로운 저녁 시간을 보냅니다.

가족이 함께하는 저녁 의식

저녁 식사 전에 오늘 하루에 대해 가족과 이야기 나눠 보세요. 특별히 잘한 일이나 좋은 일들, 아쉽거나 속상한 일도 함께 이야기합니다. 그리고 그 모든 일에 함께해 주신 하느님께 감사하는 마음으로 짧은 기도를 바칩니다. 우리는 이 시간을 감사로 가득 채울 수 있습니다. 가족 안에서는 누구나 자유롭습니다. 누구나 자신이 바라는 대로 시간을 보낼 수 있습니다. 이 자유로운 시간을 누리는 것은 우리의 몸과 영혼에 좋은 일입니다.

그 이후에는 함께 식사를 하거나 놀이를 할 수도 있습니다. 특별한 체험활동도 좋습니다. 예컨대 여름에는 석양을 바라보며 온 가족이 산책을 하고 겨울에는 실내에서 악기를 연주해 볼 수도 있습니다. 악기를 함께 연주하는 가족이라면 완벽한 자유 시간을 체험할 수 있을 겁니다. 음악은 가정에 좋은 분위기를 선사합니다. 부모와 자녀들이 함께 놀이를 하는 것도 즐거운 자유 시간을 보내는 일입니다. 놀이는 가족을 결속시키고, 가벼움과 자유로움을 선사합니다.

축제의 목표는 우리에게 숨 쉴 공간을 마련해 주는 것, 마음의 평화를 얻게 하는 것, 감정을 정화하는 것, 그리하여 우리에게 활력을 되찾아 주는 것입니다.

하루의 끝에서

밤은 삶을 깊이 들여다보는 시간입니다. 오늘 하루를 되돌아보며, 언제 어디서 하느님을 만났는지, 무엇에 감사하는지 생각해 봅니다. 우리는 오늘 하루를 특별한 날로, 하느님과 함께한 날로 묵상해야 합니다. 마찬가지로 하느님께 감사하며 오늘 하루 순간순간을 어떻게 누렸는지 되돌아볼 수 있습니다. 누린다는 것은 결국 하느님과 관련이 있기 때문입니다. 영원한 생명은 '(끊임없이) 하느님 향유하기 frui deo'를 의미합니다.

자리에 앉은 다음, 오늘 하루를 한번 돌아보세요. 내가 온전히 머문 순간은 언제입니까? 어떤 순간을 누렸습니까? 오늘 무엇을 먹었는지 떠올릴 수 있습니까? 그 음식을 음미할 수 있었나요? 당신은 어디서 무엇을 보았고, 또 그것에 대해 놀라워했습니까? 어떤 냄새가 코를 스쳤습니까? 당신은 오늘 누구를 만났고 누구의 마음을 건드렸습니까? 다른 사람에게 어떤 감동을 주었습니까? 그러면서 당신의 마음도 움직였나요?

오늘 하루를 누리지 못했더라도 아쉬워하지 마십시오. 오히려 이 순간을 누리고자 애쓰세요. 지금 당신은 온전히 자신을 위해, 하느님 앞에 그리고 하느님 안에 있습니다. 당신은 지금 아무것도 이룰 필요가 없습니다. 오늘 당신 곁을 지나쳐 간 것들이 지금 이 자리에 있습니다. 당신은 이 순간을 인지하고, 당신에게 필요한 것들을 가지고 있습니다. 하느님께서는 심오한 내면으로 당신을 이끄십니다. 이제 당신은 그분의 사랑을 누릴 수 있습니다.

나의 깊은 갈망은
무엇인가?

어둠이 내린 고요한 밤, 촛불을 켜고 은은한 빛 아래 앉아 보세요. 두 손을 모아 가슴에 올리고 눈을 감습니다. 세상의 소음과 번잡함은 멀어지고, 오직 당신만 고요함 속에 남습니다. 이제 당신의 가장 깊은 곳을 향해 조용히 물어보세요.

"나의 깊은 갈망은 무엇인가?"

이 질문을 되풀이하다 보면 문득 깨닫게 될 것입니다.

'나의 깊은 갈망은 사랑이다.'

설령 당신의 갈망이 무엇인지 알 수 없더라도, 이 연습을 통해 참된 자아를 만나고, 하느님의 자취를 느낄 수 있을 것입니다. 뭔가 특별한 대답을 찾아야 한다며 자신에게 부담을 주지 마세요. 성급하게 답을 찾으려 하기보다는, 하느님께서 이끄시는 대로 내면의 평화를 경험하세요.

드넓은
하늘 아래

청명한 밤하늘을 바라보면서 별들이 반짝반짝 빛을 내며 밤을 밝히는 모습을 관찰하세요. 그 빛은 부드러운 빛, 영적인 빛입니다. 이제 당신은 우주의 광대함에 경탄합니다. 시편 8편 4-5절을 기도하는 마음으로 천천히 읽어 보세요.

우러러 당신의 하늘을 바라봅니다.
당신 손가락의 작품들을
당신께서 굳건히 세우신 달과 별들을.

인간이 무엇이기에 이토록 기억해 주십니까?
사람이 무엇이기에 이토록 돌보아 주십니까?

그리고 당신 안으로 들어가 이렇게 물어보세요.

"끝없이 광활한 우주, 하늘에서 빛나는 수많은 별에 비추어 볼 때 나는 누구인가?"

창조 세계에 대한 경외심을 품고자 애쓰세요. 밤하늘의 별들을 바라보면서 당신은 하느님의 위대함을 생각합니다.

"이것들이 어떻게 생겨날 수 있었을까? 이 무수한 별들을 지으신 하느님은 어떤 분이실까?"

당신이 던진 질문들에 답을 얻을 필요는 없습니다. 그러나 하느님의 위대함을 그려 볼 수는 있습니다. 예전에는 급박해 보이던 사소한 문제들이 다르게 느껴질 것입니다. 몇 가지 문제는 당신에게 더 이상 중요하게 다가오지 않을 것입니다.

당신의 마음을 드넓은 하늘 아래 펼치세요. 불가해不可解한 하느님의 신비를 향해 당신의 마음을 여세요.

두 손을 하느님께로
들어 올리기

　잠자리에 들기 전에 두 손을 바라보며 오늘 내가 얻은 것들, 만들어 낸 것들, 성취한 일들을 떠올립니다. 누군가를 만나고, 무언가를 생각했고, 체험한 어떤 일들도 떠올립니다. 모두 다 하느님께서 주신 능력으로 이룬 일들입니다.

　많은 일을 해낸 손을 바라보며 이런 의식을 할 수 있습니다. 손을 사발 모양으로 만들어 오늘 이룬 일들을 담았다고 생각합니다. 그리고 하늘을 향해, 하느님께로 들어 올립니다. 그 일들을 평가하지는 않습니다. 그저 하느님께 보여 드립니다. 당신이 안고 있는 상처와 어둠도 함께 드러내며 그분께 모두 맡깁니다. 당신이 오늘 행하고 말한 것들을, 원하는 대로 이루어지지 않은 일도 하느님께 봉헌하세요. 그런 가운데 당신에게 어떤 변화가 일어나는지 느껴 보세요.

　이제 당신을 짓누르는 것들이 당신에게서 멀어집니다. "내가 그때 그렇게 했더라면……." 하고 생각하는 것에서 벗어나게 됩니다. 그 일은 그렇게 된 것입니다. 당신은 오늘 하루를 되돌릴 수 없습니다. 그러나 하느님께서는 당신이 보낸 오늘 하루를 축복해 주실 것입니다.

당신은 하느님의 드넓은 손안에 있습니다. 그 안에서 편히 쉴 수 있습니다. 하느님의 부드러운 손이 당신을 받쳐 주시고, 하느님의 강인한 손이 당신을 보호해 주십니다. 하느님의 손에 당신을 맡기세요. 당신이 골몰하는 일들과 함께, 당신이 안고 있는 걱정과 두려움과 함께, 당신을 덮친 어둠과 우울한 마음과 함께. 하느님의 손안에서 당신의 영혼은 깊은 평화와 안식을 경험할 것입니다.

"아버지, '제 영을 아버지 손에 맡깁니다.'"(루카 23,46)

잠자리에 들기

시간을 정해 놓고, 그 시간에 잠자리에 드세요. 요즘 밤이 깊어도 잠들지 못하는 사람이 많습니다. 그들은 일을 끝내야 한다는 강박에 사로잡혀 있거나 텔레비전 앞에 무의미하게 앉아 있습니다. 그들은 지쳤을 것입니다.

텔레비전 앞에 오랫동안 앉아 있는 것은 우리에게 이롭지 않습니다. 다음 날 아침에는 그렇게 시간을 허비한 것에 화가 날지도 모릅니다. 그러니 잠잘 시간을 정해 놓는 것이 바람직합니다. 일정표에 따라 움직여야 한다며 자신을 압박하라는 것이 아닙니다. 현명한 일정표를 세우고 자유로운 시간을 마련하는 것, 그 시간 동안 여유를 즐기거나 당신이 좋아하는 무언가를 하라는 의미입니다.

밤에 하는 의식은 나에게 시간을 되돌려줍니다. 밤에 두 손을 벌리는 동작을 취하면서 하루를 하느님께 봉헌하면, 이날은 나에게 다른 모습을 새겨 줍니다. 나의 시간은 모래나 물처럼 손가락 사이로 빠져 나가지 않았습니다. 나는 오늘이라는 제한된 시간을 하느님께 봉헌합니다. 오늘 내게 일어난 모든 일과 함께, 내가 의식하지 못한 채 보낸 특정한 시간과 함께, 그렇게 잃어버린 시간과 함께. 이로써 오늘 하루는 다시 나의 하루가 됩니다.

하루의 문이 닫힙니다. 그리고 밤의 문이 열립니다. 이 밤에 하느님의 드넓은 손에 나를 맡길 수 있습니다. 밤의 문을 통해 나는 새날의 영역으로 들어갑니다. 나는 오늘에서 내일로 넘어가면서 걸려 넘어지지 않습니다. 오히려 나 스스로 과거의 문을 닫습니다. 이 순간에 온전히 머물기 위함입니다.

하루의 문을 닫는 의식

이 순간에는 이런 의식을 해 보세요. 먼저 양손을 가슴 위에서 교차시키세요. 그런 다음 내면으로 들어가는 문을 닫고 하느님과 내가 함께 있는 모습을 그려 보세요. 그렇게 양손을 교차시킴으로써 당신은 하느님께서 계시는 당신의 내면을 보호합니다. 당신의 영혼 깊은 곳에는 마르지 않는 샘이 흐릅니다. 온종일 많은 에너지를 썼더라도 당신의 에너지는 소진되지 않았습니다. 샘은 끊임없이 흐릅니다. 그 샘의 원천은 하느님이시니까요. 당신은 알고 있습니다. 그 샘이 다음 날에도 당신에게 물을 내준다는 것을.

하루를 닫으면서 이날이 마지막 날이라고 생각해 보세요.
'오늘이 내 삶의 마지막 날인 것처럼 나는 이날을 닫는다.'
나는 세상의 많은 것들을, 이날을, 나 자신을, 내가 사랑하는 사람들을, 나의 삶 전체를 하느님의 드넓은 손에 맡깁니다. 이런 의식으로 하루를 마무리하는 것은 동시에 새로운 시작을 가능하게 합니다. 그런 가운데 모든 것을 내려놓아야 한다는 것을 깨닫습니다. 모든 것을 내려놓아야 하느님의 드넓은 손에 나를 봉헌할 수 있습니다. 밤은 나에게 죽음을 떠올리게 합니다. 그리고 아침마다 나는 새 생명을 얻는 부활을 체험합니다. 하느님께서 나에게 새 생명을 주시는 것입니다.

문 닫기

가슴 위에 양손을 교차시켜 손가락 끝이 어깨에 닿게 하세요. 당신은 하루의 문을 닫고 내면을 보호합니다. 그곳은 고요하고 거룩한 공간입니다. 세상일은 그곳으로 들어오지 못합니다. 당신의 자녀와 배우자, 직장 동료나 상사도 들어올 수 없고, 걱정과 불안, 두려움과 자기 비하, 자책감도 들어올 수 없습니다. 아무도 당신에게 상처를 줄 수 없습니다. 이제 고요한 당신의 내면을 바라보며 오래된 저녁 기도를 바쳐 보세요.

"주님, 이 집으로 들어오소서. 그리고 당신의 거룩한 천사들이 그 안에 머물게 하소서. 천사들이 저희를 지켜 주시어 저희가 평화롭게 지내게 하소서. 또한, 당신의 거룩한 축복이 저희와 저희 주변에 그리고 저희 안에 깃들게 하소서. 우리 주 그리스도를 통하여 비나이다. 아멘."

자녀 재우기

밤을 무서워하는 아이들에게는 잠들기 위한 의식이 필요합니다. 매일 밤, 같은 의식을 거행함으로써 아이들은 어둠에 대한 두려움을 이겨 낼 수 있습니다. 또 부모로부터 사랑을 받고 있다고 느낄 수 있습니다. 자녀에게는 부모가 언제나 함께한다는 확신이 필요합니다.

부모는 자녀의 침대 옆에서 가벼운 이야기를 주고받거나 동화책을 읽어 줍니다. 하루를 돌아보면서 기도를 바친 다음 잘 자라고 축복하는 것도 바람직한 의식입니다.

어떤 여성은 어린 시절, 매일 잠자리에 들 때마다 아버지가 건네던 '잘 자라'는 인사와 머리에 올려 주던 듬직하고 따뜻한 손의 감촉을 잊을 수 없다고 말했습니다. 그 손길은 그녀에게 안정감을 주었습니다. 사랑이 담긴 손길은 말로 다 표현할 수 없는 감정을 전달하며 오래도록 위안을 줍니다.

하루를 천천히
평온하게 마감하라

잠자리에 드는 자신을 돌아봅니다. 당신은 지쳐서 잠이 드나요, 아니면 하루를 의미 있게 마무리하며 잠이 드나요? 하루를 평온하게 마무리하는 의식을 소개합니다.

먼저 옷을 천천히 벗으세요. 이는 다음 단계로 넘어가기 위한 작은 의식입니다. 벗어 놓은 옷은 당신이 오늘 하루를 마감한다는 상징이 될 수 있습니다. 몸을 씻으며 오늘 하루 동안 당신에게 붙은 온갖 더러운 것들을 흘려보내세요. 그런 다음 침대에 눕습니다. 이제 하느님의 드넓은 손에 자신을 맡기세요. 침대에 등을 대고 편안히 누웠다는 것을 즐기세요. 따뜻한 이불 속에서 편안함을 느끼세요. 이것 역시 하느님의 부드러운 손이 당신을 감싸 주신다는 것을 보여 주는 상징이 됩니다.

좋은 꿈 꾸기

의식은 밤의 문을 열어 줍니다. 옛 수도승들은 밤의 침묵을 중요하게 생각했습니다. 그들은 의식적으로 하루를 마감하며 밤의 신비로 들어갔습니다. 그리고 하느님께서 꿈을 통해 무언가를 말씀하신다고 여겼습니다.

오늘날 우리에게도 그렇습니다. 하느님께서는 우리의 상태를 꿈을 통해 알려 주십니다. 삶에 대한 지침을 주실 때도 많습니다. 꿈은 새로운 눈으로 현실을 보게 하며, 우리가 소중한 존재임을 깨닫게 합니다. 우리의 믿음은 단지 의지를 능가하는 것으로 그치지 않습니다. 우리가 의식하지 못하는 것은 믿음으로 새겨졌습니다. 좋은 꿈을 꾸게 하는 천사가 밤마다 당신에게 올 것입니다. 천사가 당신의 밤을 지켜 주기를, 당신과 동행하기를 기원합니다. 또 삶의 신비를 깨닫게 해 주기를 바랍니다.

2장

한 해의
리듬

계절의 변화에
따라 살기

한 해도 고유한 리듬을 지니고 있습니다. 우리는 봄, 여름, 가을, 겨울을 그때마다 달리 체험합니다. 계절은 우리 영혼에도 영향을 미칩니다. 계절은 우리 삶을 가리키는 하나의 표상입니다. 봄은 젊음, 청춘을 상징하고, 우리 안에서 피어나고 싶어 하는 것들도 의미합니다. 여름은 완성을 위한 시기, 전성기를 누리게 합니다. 이때 우리는 삶의 충만함을 체험합니다. 가을은 노년을 상징하며, 우리 자신을 내려놓도록 초대합니다. 그리고 수확의 시기이며 다채로움의 시기입니다. 때로는 우리 삶도 황금빛으로 빛납니다. 겨울은 죽음을 상징하지만, 동시에 쉬는 시기이자 우리가 자신의 뿌리와 교류해야 하는 시기이기도 합니다.

예로부터 사람들은 한 해를 의식과 함께 보냈습니다. 봄, 여름, 가을, 겨울을 특정한 의식으로 시작하곤 했습니다. 의식은 탄생, 성장,

죽음과 같이 삶의 과도기와 관련이 있을 뿐만 아니라, 계절이 바뀌면서 해마다 우리에게 선사하는 것과도 관련이 있습니다. 우리는 특정한 의식을 거행함으로써 이 계절의 특성이 우리 삶 속으로 들어오게 할 수 있습니다.

요즘에는 정해진 일정표에 매이지 않으려는 사람들이 많습니다. 그러나 그들도 역시 시간의 신비를 깨닫기를 원하며, 계절에 따라 다른 방식으로 자기 자신을 알아 가려고 합니다. 자신 안에서 삶의 충만함을 펼치기 위해서입니다.

2장에서는 한 해가 가진 고유한 리듬에 주목하며, 우리 삶에 깊이 뿌리내린 계절의 의미를 생각해 봅니다. 봄의 생명력, 여름의 충만함, 가을의 풍요로움, 그리고 겨울의 휴식과 내면 성찰이 우리 영혼에 어떤 영향을 미치는지 살펴볼 수 있습니다. 또한, 예로부터 전해 내려오는 계절 의식을 통해 우리가 각 계절의 특성을 온전히 받아들이고 삶을 더욱 풍요롭게 가꿀 수 있는 의식도 소개합니다.

눈길 걷기

눈이 내린 날, 밖으로 나가 산책을 해 보세요. 눈의 하얀색과 투명함, 그리고 순수함을 온전히 받아들이세요. 그것을 당신 자신을 가리키는 상징, 당신의 내적 순수함을 가리키는 상징으로 생각합니다.

하얀 눈을 보면 무엇이 떠오르나요? 눈과 관련된 추억을 떠올리며 눈길을 따라 천천히 걸으세요. 당신의 두 발이 눈 위에 새겨 놓은 자취를 바라보며, 이렇게 상상하세요.

'나는 이 세상에 내 삶의 자취를 새겨 놓는다. 나는 내가 한 말들과 함께, 내가 한 일들과 함께, 내가 만들어 낸 빛과 함께 나의 자취를 남겨 놓는다.'

청명한 설경을 바라보며 평화와 고요를 온전히 누리세요. 당신의 마음을 차분히 가라앉히며, 이 고요함 속에서 하느님의 현존을 깊이 느끼는 순간을 만끽하세요. 이 특별한 시간 동안, 당신이 지나온 한 해를 돌아보며 이 마지막 시기를 성실히 보냈는지 돌아보세요. 그리고 외적인 소음이 아닌, 당신 내면의 소리에 귀 기울여 봅니다.

하얀 눈은 하느님의 순수한 은총을 가리키는 상징입니다. 이 은총은 당신 안에 있는 모든 부족함과 연약함을 자비로이 덮어 주고, 과거의 모든 아쉬움을 용서해 줍니다. 더 나아가, 하느님의 은총이 당신의 존재 자체를 새롭게 변화시키고, 앞으로 나아갈 힘을 주리라 굳게 믿으세요. 이 은총의 빛은 당신의 영혼을 밝히고, 새로운 시작을 위한 희망을 불어넣어 줄 것입니다. 눈처럼 순결한 마음으로 하느님의 사랑을 받아들이고, 그 안에서 진정한 자유를 누려 보세요.

새 생명이 움튼다

　봄에 피어나는 새 생명이 우리를 자연으로 이끕니다. 만물이 소생하는 자연을 거닐며 생명이 죽음을 물리친 부활의 신비를 되새겨 봅니다. 생명이 움트는 이 계절의 상징, 주님 부활의 기쁜 소식은 우리의 내면을 더 활기차게 만듭니다.
　아주 천천히 자연으로 들어가 푸른 초원이나 숲길을 걸어 봅니다. 생명이 어떻게 다시 피어나는지 관찰하세요. 생명은 죽음보다 강합니다. 지금 눈에 보이는 꽃이나 나무, 어린 새와 같은 자연을 당신 내면의 상징이라 생각합니다. 예를 들어, 활짝 핀 꽃을 바라보면서 당신은 이렇게 생각할 수 있습니다.
　'이 꽃에서 하느님의 사랑이 흘러나온다. 생명력이 넘치는 그분의 사랑이 나에게 흘러든다.'
　사랑은 죽음보다 강합니다. 하느님의 사랑이 이 꽃에 온전히 스며들어 있습니다. 어떤 꽃은 추억을 떠올리게 합니다.

예수님의 시선으로 꽃과 나무를 바라보세요. 예수님께서는 당신을 일컬어 '포도나무'(요한 15,1 참조)라고 하십니다. 포도나무는 그분과 우리의 관계를 상징하는 하나의 비유입니다. 모든 식물 안에서, 특히 약초 안에서 그분과 당신의 상징을 찾아보세요. 저는 습지에서 잘 자라는 '앵초'와 황녹색 꽃이 피는 '현삼'을 볼 때마다 열쇠와 왕관이 떠오릅니다. '앵초'를 일컫는 독일어 'Schlüsselblume'에는 '열쇠'를 의미하는 'Schlüssel'이 들어 있습니다. 이 약초를 당신 자신을 이해하는 열쇠의 상징으로 생각해 보는 겁니다. 그리고 이파리의 끝이 톱니처럼 생긴 '현삼'을 바라보면서 왕다운 품위가 무엇인지 생각해 보세요.

우리는 자연을 거닐며 나 자신과 부활의 신비를 묵상할 수 있습니다. 우리를 둘러싼 아름다운 자연을 바라보며 연관되는 이미지와 상징을 생각해 보세요. 그리스도의 부활뿐만 아니라 당신 삶의 신비도 깨닫게 될 것입니다. 예수님의 부활을 통해 드러난 하느님의 구원 계획처럼 말입니다.

아름다운 자연

 자연의 아름다움을 묵상하기 좋은 자리를 찾아 눈길을 사로잡는 꽃이나 나무를 바라보세요. 아름다운 자연을 바라보며 그 안에 깃든 사랑을 느껴 보세요. 아름다움은 사랑과 연결되어 있습니다. 초원의 푸른 풀들을 부드럽게 어루만져 주는 바람의 나지막한 소리와 봄이 왔음을 알리는 새들의 소리에도 귀 기울이세요. 새들의 노래는 구애 소리입니다. 새들의 지저귐에서 사랑을 느껴 보세요.
 모든 감각을 활짝 열고 주변을 살펴보세요. 초록빛을 띤 만물은 5월의 향기를 발산합니다. 이제 당신의 영으로 들어가세요. 당신의 영은 감각으로 느끼는 것들 안에서 하느님의 신비, 생명의 신비를 깨닫게 합니다. 자연은 신앙의 신비를 밝혀 줍니다. 이제 당신은 그저 머리로만 이해하지 않고 감각을 통해 그 신비를 체험할 수 있습니다.

당신은
있는 그대로 아름답다

향기를 머금고 활짝 핀 꽃, 강인한 생명의 힘을 보여 주는 푸른 초원, 꽃망울을 터뜨리며 화려하게 치장한 나무의 아름다움을 관찰하세요. 그렇게 자연의 아름다움을 충분히 감상한 다음, 당신 자신에게로 시선을 돌려 보세요. 그리고 조용히 이렇게 생각해 보세요.

'자연에서 느끼는 아름다움은 내 안에도 있다. 나는 있는 그대로 아름답다. 내가 자연에서 생명력과 사랑을 인지하듯 하느님의 사랑은 내 안에서도 투명하게 드러난다.'

눈을 감고 그 사랑이 나를 어떻게 감싸고 있는지 상상해 보세요.

'자연이 머금은 사랑이 내 눈에서 흘러나온다. 만물을 성장시키는 사랑이 내 이마를 빛나게 한다. 세상에 생동감을 주는 사랑이 내 뺨을 빛나게 한다. 생명의 신비를 전하는 사랑이 내 입가를 비춘다.'

그리고 나서 아주 천천히, 마음을 담아 이렇게 말하세요.

"대지의 사랑을 품은 나는 하느님의 영광이다."

있는 그대로의 내 안에서 하느님의 광채, 하느님의 아름다움이 빛납니다. 하느님의 아름다움은 젊음이 아니라 주름이 가득한 내 얼굴을 통해서도 빛납니다. 하느님의 사랑은 나의 쭈글쭈글한 손을 거쳐 동물과 식물에게로, 이웃과 가족에게로, 그리고 이 세상 속으로 흘러갑니다. 당신이 하느님의 사랑과 아름다움을 투명하게 드러낼 때 나 자신과 온전히 하나가 될 수 있습니다. 그런 다음 이렇게 체험하게 될 것입니다.

'나는 나 자신과 일치를 이룬다. 나는 있는 그대로 아름답다.'

생명의 숨결,
봄날의 묵상

어느 화창한 봄날에는 자연을 마음껏 즐겨 보세요.

초원에 서서 눈을 감으세요. 그리고 두 손을 하늘 위로 들어 올려 그 순간에 오롯이 머무세요. 당신은 지금 몸 전체를 열고, 태양과 바람에 자신을 내맡깁니다. 그리고 대자연 안에서 하느님을 만납니다. 하느님께서 태양과 바람 속에서 당신을 어루만져 주십니다.

태양은 지금 당신을 비춥니다. 햇살 속에서 하느님의 사랑이 당신 안으로 흘러옵니다. 하느님의 사랑이 당신에게 온기를 줍니다. 하느님의 사랑이 당신의 몸 전체를 사랑으로 채워 줍니다.

당신을 부드럽게 어루만져 주는 바람을 느껴 보세요. 바람 속에서 당신은 하느님의 다정한 손길을 체험할 수 있습니다. 그분의 손이 당신을 부드럽게 어루만져 주십니다. 그러나 때때로 당신은 바람 속에서 하느님의 위력도 느낄 수 있습니다. 바람은 당신에게 붙은 먼지를 날려 버립니다. 당신을 괴롭히던 일들, 나쁜 감정, 마음의 부담들도 그 바람에 날려 버리세요.

눈을 크게 뜨고 주변에서 피어나는 생명을 바라보세요. 나무와 꽃들 그리고 초원과 들판에서 생명이 피어나고 있습니다. 이 생명이 당신 안에도 있다고 상상해 보세요. 감각을 활짝 열고 당신 안에 그리고 당신 주위에 있는 이 생명의 신비를 느껴 봅니다.

당신이 온전히 이 순간에 머문다면, 그리고 그 어떤 생각도 하지 않고 단순히 머문다면 생명이 무엇인지 깨닫게 될 것입니다. 이제 당신은 생명과 교류합니다. 생명은 죽음보다 강합니다. 이 생명이 당신 안에 있습니다.

단순히 그대로
머무르기

경치가 아름다운 곳에 있는 벤치에 앉으세요. 당신은 지금 아무것도 할 필요가 없습니다. 아무것도 생각할 필요가 없고, 문제를 풀 필요도 없습니다. 힘을 모을 필요도 없고, 몸과 마음을 회복시킬 필요도 없습니다. 오히려 아무것도 하지 않고 그대로 존재하는 자신을 인지하세요. 그렇지만 당신 안에서는 여러 가지 생각이 떠오를 겁니다. 그 생각들이 당신 밖으로 나와 그냥 지나가게 하세요. 심리적인 부담을 갖지 않고 단순히 그대로 있으려고 애쓰세요. 그리고 나서 자신에게 천천히 말하세요.

"나는 지금 아무것도 할 필요가 없다. 나는 아무것도 제시할 필요가 없다. 나는 내가 왜 여기에 있는지 변명할 필요도 없고, 근거를 댈 필요도 없다. 나를 둘러싼 자연이 단순히 그대로 있듯이, 나도 단순히 그대로 있을 뿐이다."

바람이 부는 소리에 귀를 기울여 보세요. 그리고 햇살이 당신 안으로 스며드는 것을 느껴 보세요. 이어서 자연의 아름다움, 푸른 풀들, 꽃들, 나무들의 아름다움도 관찰하세요. 이렇게 단순히 자연을 바라보는 가운데 당신 주위를 맴도는 생각들을 잊게 됩니다. 이제 당신은 단순히 그대로 있습니다. 당신이 머무는 이 순간을 즐기며 이렇게 생각해 보세요.

'이 순간은 붙잡을 수 없다.'

이제 이 순간을 놓아 버리세요. 자연을 만드신 하느님께 감사하는 마음만 남기고 단순히 그대로 머뭅니다. 무언가를 설명할 필요 없이 단순하게 그대로 있는 것, 바로 이것이 관상觀想의 절정입니다. 그런 가운데 당신은 모든 존재의 신비, 창조 세계의 신비, 창조주 하느님의 신비, 그리고 당신 자신의 신비를 깨닫게 될 것입니다.

태양 아래

햇볕이 따스한 자리를 찾아보세요. 피부가 탈 정도로 강하지 않고 기분 좋게 내리쬔다면 잠시 태양 아래에 서 보세요. 그런 다음 햇볕이 당신의 피부를 부드럽고 따뜻하게 감싸고 있다고 상상하세요. 이 따스함이 서서히 피부 속으로 스며들어, 당신의 몸 전체로 퍼져 나가면서 빛과 온기로 가득 채워 주는 모습을 그려 보세요.

이어서 하느님의 사랑이 햇살을 타고 당신 안으로 들어온다고 상상하세요. 눈을 감고 감각에 집중합니다. 당신이 온전히 그 사랑 안에 잠겨 있다면 당신은 이제 사랑 그 자체입니다.

사랑은 우리 삶에 새로운 맛, 달콤하고 기분 좋은 맛을 선사합니다. 아무도 이 사랑을 앗아 갈 수 없습니다. 당신은 이 사랑을 다른 사람들에게 흘려보낼 수 있습니다. 이 사랑은 샘물처럼 세상으로 흘러들어 나를 세상과 하나 되게 해 줍니다.

무한한 생명력

어느 무더운 여름날에는 바다나 호수 또는 강을 찾아 떠나 보세요. 그런 다음 물가에 앉아 물이 흘러가는 모습, 물결치는 모습을 바라보세요. 파도는 때로 성난 듯이 높이 일지만, 때로는 아주 잔잔하게 일기도 합니다. 당신이 바라보는 물은 마음을 진정시키는 데 도움을 줍니다. 세상의 모든 소란이 물결에 실려 떠내려가는 듯한 평온함을 느끼며, 하느님의 섭리 속에 모든 것이 고요하게 흐르고 있음을 묵상해 보세요.

당신은 물가에 앉아 흘러가는 물을 바라보고 있습니다. 지금은 아무것도 생각할 필요가 없습니다. 그런 가운데 돌연 당신이 내적으로 정화되었다고 느낍니다. 파도는 해안을 깨끗이 청소할 뿐만 아니라, 당신 영혼의 혼탁함도 씻어 냅니다. 물은 당신 주변을 맴도는 모든 문제를 상대화합니다. 강물은 계속 흘러갑니다. 바다에서 치는 파도는 멈출 줄 모릅니다. 파도는 밀려왔다가 밀려갑니다. 이 모든 과정이 하느님의 섭리 안에서 자연스럽게 이루어지듯, 당신의 근심 또한 고요 속에서 점차 사라질 것입니다. 흐르는 물처럼 당신 마음도 자유롭게 흘러가도록 내버려두세요.

당신은 흘러가는 물을 바라보며 삶의 신비를 깨닫습니다. 생명은 마르지 않는 샘에서 흘러나옵니다. 그리고 멈추지 않을 것입니다. 우리 삶은 다른 실재, 영원한 생명이라는 실재에 이르기 위해 거치는 과정일 뿐입니다. 이 영원한 생명 안에서 당신은 언제나 하느님, 모든 생명의 참된 근원이신 그분과 하나가 됩니다.

빗속을 걷는 시간

비가 오면 밖으로 나가세요. 우비를 입고 장화도 신고 우산도 펴세요. 그런 다음 빗속을 천천히 걸으세요. 내 걸음에 집중해 봅니다.

빗속을 걷는 것은 의미 있는 의식입니다. 비가 올 때 자연에서 나는 냄새를 맡아 보세요. 맑은 날과는 다른 냄새를 맡을 수 있습니다. 비가 언제, 어떻게 내리느냐에 따라서도 다릅니다. 봄비는 여름비와는 다른 느낌을 줍니다. 가을비도 고유한 냄새가 있습니다. 그러고 나서 빗방울 소리에 귀 기울이세요. 당신은 단순히 빗속을 걸어갑니다. 이 비는 당신을 방해하지 않습니다.

세찬 비가 내린다면, 당신은 은신처를 찾아 어느 나무 아래 서겠지요. 그렇게 나무 아래서 빗방울이 똑똑 떨어지는 소리를 듣습니다. 이렇게 비가 내리는 모습을 살펴보세요. 비는 당신의 마음을 진정시킵니다. 이제 당신은 이렇게 느낍니다.

'나는 자연 속에 있다. 나는 열매를 맺는 과정, 몸과 마음을 흠뻑 적시는 과정 중에 있다.'

비는 당신에게 생기를 불어넣어 줍니다. 비는 메마른 것을 적셔 주고, 굳어진 것을 부드럽게 풀어 줍니다. 그리고 활력과 풍요로움을 주겠다고 약속합니다. 이따금 의식적으로 빗속에 서서 비를 즐기세요. 그런 다음 예수님께서 산상 설교 때 하신 말씀을 묵상하세요.

"그분께서는 악인에게나 선인에게나 당신의 해가 떠오르게 하시고, 의로운 이에게나 불의한 이에게나 비를 내려 주신다."(마태 5,45)

비는 당신 안에서 의로운 것과 불의한 것을 연결합니다. 비는 당신을 변모시킵니다. 이제 당신 안에 있는 것들을 통해 하느님의 생명과 사랑이 흐릅니다.

자유로이
걸어라

어느 선선한 여름날에는 자연 속에서 오랫동안, 자유로이 걸어 보세요. 숲길을 걸으면서 당신의 발걸음에 주목하세요. 걸으면서 당신의 발목을 붙잡고 있는 여러 걸림돌을 어떻게 치울지 생각해 봅니다. 당신이 매여 있는 오래된 습관, 당신에게 이롭지 않은 사람들에게 묶여 있는 것, 또는 특정한 상황이나 사람들에게 의존하는 것이 걸림돌일 겁니다. 이 모든 것에서 벗어나 자유로이 걸으세요. 그런 가운데 문득 당신은 이렇게 느낍니다.

'나는 내 길을 간다. 똑바로 그리고 자유로이.'

다시 발걸음에 집중합니다. 당신은 한 발 한 발 걸으면서 땅을 밟습니다. 그리고 다시 발을 뗍니다. 당신은 앞으로 나아갑니다. 이것은 당신이 늘 변모의 길 위에 있다는 것, 매 순간 당신 안에서 무언가 달라지고 있다는 것, 당신은 내면의 길을 찾아야 한다는 것, 당신은 항상 영적이고 인간적인 길로 가야 함을 보여 주는 상징입니다.

당신은 멈출 수 없습니다. 멈추는 것은 당신 자신을 굳어지게 할 것입니다. 오직 내적 길만이 당신을 활기차게 합니다. 앉아 있거나 서 있을 때도 당신은 이 내적 길을 갈 수 있습니다. 걸으면서 당신은 계속해서 변화하고 성장합니다. 변화의 궁극적인 목표는 참다운 당신 자신입니다. 당신은 그것을 묘사할 수 없습니다. 그러나 알 수 있습니다. 걸으면 걸을수록 점점 더 당신의 진짜 모습에 가까워진다는 것을.

휴식,
아름다움, 평화

어느 아름다운 여름, 저녁 시간을 즐기세요. 밖으로 나가 벤치에 앉아 자연을 관찰하세요. 풀벌레들이 찌르륵찌르륵 우는 소리에 귀 기울여 봅니다. 살랑살랑 부는 바람을 느끼고 나지막한 바람 소리도 들으세요. 이어서 해가 서서히 지는 모습, 해가 저녁 하늘을 곱게 물들이는 모습을 바라보세요. 이렇게 석양에 붉게 물든 하늘과 함께 여름 저녁이 선사하는 깊은 휴식을 즐기세요. 그러면서 이 순간 당신이 존재하고 있음에 감사하세요. 이제는 당신을 압박하는 것들, 오늘 하루 당신을 짓누르고 힘들게 했던 것들을 잊으려고 애쓰세요. 온갖 근심과 걱정을 내려놓으세요. 그리고 자연을 바라보며 주변에서 들리는 소리에만 집중하세요.

고요한 자연이 당신에게 평화를 선물합니다. 지금 당신은 아무것도 할 필요가 없습니다. 당신은 편안하게 벤치에 앉아 있습니다. 그런 가운데 주변을 바라보고 풀벌레들의 평화로운 소리를 듣습니다. 자연의 냄새를 맡고 당신을 둘러싼 자연을 다정하고 따뜻한 시선으로 바라봅니다. 당신은 자연으로부터 평화가 흘러나온다는 것을 알고 있습니다. 자연은 고요한 상태로 당신을 둘러싸고 있습니다. 당신은 자연에 자신을 내맡기면서 마음이 차분해집니다. 그러면서 평화에 이르고, 당신 자신과 온전히 하나가 되어 일치합니다. 그리고 당신은 이렇게 생각합니다.

'세상에 있는 그 무엇도 나에게 낯설지 않다.

외부에 있는 것은 내 안에도 있다.

나는 그것을 허용한다.

그것은 나에게 평화를 선물한다.'

이슬에 젖은 초원을
맨발로 걸어라

어느 여름날 이른 아침, 초원을 맨발로 천천히 걸으세요. 그러면서 아침의 상쾌함, 초원의 생기, 이슬의 물기를 느껴 보세요. 자주 멈춰 서서 풀잎에 맺힌 이슬을 관찰하세요. 영롱한 이슬은 자연이 우리에게 선물한 진주와 같습니다. 이슬이 햇살에 부서지는 모습에서 당신은 자연의 기적을 마주합니다. 초원에서 약초를 찾게 되면, 그것을 조심스럽게 따서 냄새를 맡으세요. 풀과 꽃, 다양한 식물들도 관찰하세요. 이슬에 젖은 초원의 풍요로움을 누리세요. 푸른 초원을 천천히 지나가세요. 맨발에 전해지는 축축한 땅의 감촉을 느껴 봅니다. 당신도 자연의 일부입니다. 자연 속에 있는 지금, 당신의 기분을 살펴보세요. 여름날의 자연은 당신에게 상쾌함을 주고 생기 넘치게 합니다.

자연과
하나 되기

당신이 자주 찾는 숲으로 가세요. 인적이 드물고 편안히 걸을 수 있는 숲이면 더욱 좋겠지요. 숲길을 따라 천천히 걸어 보세요. 그렇게 걸으면서 당신의 모든 감각을 활짝 여세요. 따뜻한 시선으로 자연을 바라봅니다. 꽃이나 나뭇잎, 아름드리 소나무 등 특정한 자연을 바라보면서 그것과 하나가 되어 보세요. 그리고 숲에서 나지막하게 들리는 바람 소리에 귀 기울이세요. 나뭇잎들이 부딪히는 소리, 새들의 노랫소리, 곤충들이 붕붕거리는 소리를 들으세요. 여름 숲의 냄새도 맡아 보세요.

자주 멈춰 서서 나무 위로 햇살이 쏟아지는 모습을 바라보세요. 지금, 이 순간에 머물러 보세요. 그리고 당신이 나무와 햇살과 공기와 하나가 되었다고 생각해 보세요. 그런 다음 이렇게 생각해 보세요.
'하느님께서 눈앞에 보이는 자연 속에서 나를 어루만져 주신다.'

당신을 매료시키는 우람한 나무 앞에 서 보세요. 땅 위로 솟은 뿌리들을 관찰하세요. 그리고 그 뿌리들 안에서 당신 자신의 형상을 떠올려 보세요. 당신도 그 나무처럼 깊이 뿌리를 내리고 있습니다. 나무가 당신도 삶의 풍파를 견뎌 낼 거라고 용기를 주고 있음을 믿어 봅니다. 당신도 나무처럼 굳건히 서 있고 깊이 뿌리내리고 있습니다. 당신도 나무처럼 자기 자신 안에서 평화를 누립니다.

나무의 우듬지는 위로, 하늘을 향해 있습니다. 당신도 나무처럼 지상에 있지만 동시에 하늘을 향해 있습니다.

여름의 끝자락

8월에서 9월로 넘어갈 즈음, 밖으로 나가 당신이 좋아하는 벤치에 앉거나 푸른 초원에 자리를 잡으세요. 여름에서 가을로 바뀌면서 많은 것이 달라지는 자연을 고요하게 관찰합니다. 여름의 정점은 지나가고, 이제 곧 가을이 찾아올 것입니다.

당신이 자연 속에서 바라보는 것을 당신 자신의 삶과 연관 지어 보세요. 인생의 중반기는 여름의 정점을 지나 가을로 접어드는 시기와 같습니다. 이 시점에서 당신은 이렇게 질문해 볼 수 있습니다.

"내 삶의 열매는 무엇일까? 다가올 날들은 어떤 모습일까? 가을을 맞이하는 자연에서 나는 어떤 지혜를 얻을 수 있을까? 내 삶의 황혼기를 어떻게 준비해야 할까? 내 삶의 본질적인 의미는 무엇인가? 나는 어떤 방식으로 나 자신을 표현하고 싶은가? 이 세상에 어떤 흔적을 남기고 싶은가? 새로운 나로 거듭나기 위해 무엇을 비워야 할까?"

늦여름은 삶이 새롭게 빛나도록, 마치 저녁노을처럼 은은한 빛을 내도록 당신을 초대합니다. 잠시 삶이 내는 모든 소리에 귀를 닫고, 세상의 번잡함에서 벗어나세요. 그리고 내면의 깊은 곳에서 당신이 진정으로 바라는 것이 무엇인지 마음을 활짝 열어 보세요. 이 고요한 시간 속에서 하느님의 섭리를 느끼며, 당신의 영혼이 새롭게 정화되고 성장할 수 있는 은총을 청하십시오.

"그는 시냇가에 심겨 제때에 열매를 내며

잎이 시들지 않는 나무와 같아 하는 일마다 잘되리라."(시편 1,3)

10월의 가을,
내면을 물들이는 시간

10월의 어느 아름다운 날, 밖으로 나가 가을의 정취를 느끼며 걸어 보세요. 숲길을 산책하는 것도 좋습니다. 발걸음을 옮길 때마다 자연의 냄새에 온전히 주목하세요. 10월에만 맡을 수 있는 고유한 흙냄새, 낙엽 냄새, 그리고 서늘한 공기 속에서 느껴지는 생명의 향기가 당신의 코끝을 스칠 것입니다. 이처럼 풍성한 가을의 향연 속에서 하느님께서 창조하신 만물의 신비를 묵상하고, 자연이 선사하는 평화로움에 깊이 잠겨 보세요.

나무들이 무슨 빛깔을 띠고 있는지 관찰해 보세요. 자주 멈춰 서서 알록달록한 나뭇잎들이 바람에 살랑거리는 모습, 나뭇잎들이 한 잎 두 잎 떨어지는 모습도 바라보세요. 그리고 풍경이 자아내는 정취, 가을 햇살이 내는 온화한 빛, 추수가 끝난 들판에 흐르는 고즈넉한 정적에 주목하세요. 햇살이 쏟아지는 황금빛 나뭇잎들에서 나오는 무언가가 당신 안으로 스며들어, 그것이 당신 삶을 황금빛으로 물들인다고 생각해 보세요. 당신 안에서도 황금 같은 그 무엇이 자라고 있습니다. 당신의 삶을 위해서입니다. 이 형상들을 마음에 새기고, 당신의 내면으로 들어가 보세요.

당신의 내면에는 이미 이 모든 형상이 있습니다. 다채로움과 고요, 황금 같은 것들이 자리 잡고 있습니다. 당신은 자연을 통해 그 형상들을 발견합니다. 그런 가운데 영혼의 풍요로움을 누립니다. 이 형상들을 당신 안에서 그려 보세요. 그리고 느껴 보세요.

마음속에 무엇이 떠오릅니까? 내면에서 어떤 갈망들이 모습을 드러내나요? 지금 당신 영혼의 상태는 어떤가요?

영혼을 비추는
가을빛

어느 가을 저녁 무렵에 주변을 비추는 부드러운 햇살을 관찰하세요. 이 부드러운 빛과 함께 당신의 삶도 바라보세요. 가을 햇살은 우리 마음에 충만함을 선사합니다. 이 계절의 다채로움 속에 충만함이 깃들어 있습니다. 가을의 빛깔은 따뜻한 느낌입니다. 이는 부드러운 햇살뿐만 아니라 나뭇잎들의 온화한 빛깔에서도 나옵니다. 독일어로 '온화함Milde'은 '잘게 바수다mahlen'에서 유래했고, '부드러운weich'과 연관이 있습니다. 온화한 시선으로 자신을 바라보세요.

온화하고 현명한 노인은 긍정적인 이미지를 갖습니다. 온유하고 지혜로운 노인은 자기 삶에서 거둔 것을 감사하는 마음으로 향유합니다. 이는 주변 사람에게도 기분 좋은 일입니다.

이와 반대되는 사람은 자기 자신에게 가혹한 사람입니다. 자신을 거칠고 냉혹하게 대하는 사람은 다른 사람들에게도 좋지 않은 영향을 미치게 됩니다. 노년에 이르러 마음이 완고한 이들은 주변 사람들을 점점 더 거칠게 대하고 그들을 힘들게 합니다.

가을의 저녁노을로부터 온화함을 배우세요. 이 빛의 온화함 속으로 들어가세요. 이 놀라운 가을 빛깔을 마음껏 즐기세요. 부드러운 햇빛이 주변을 환히 비춰 주기에 가을 빛깔도 선명합니다. 당신의 영혼 안에도 이 놀라운 빛깔이 있습니다. 당신은 살아오면서 거둔 것들에 감사하며, 충만한 감정으로 이 계절을 온전히 누릴 수 있습니다.

아래로 떨어지는
모든 것은 좋다

　나뭇잎들이 떨어지는 모습을 바라보면서 묵상하세요. 나뭇잎이 줄기에서 조금씩 분리되어 땅에 떨어지는 모습을 유심히 바라보세요. 그리고 이 모습을 당신 자신이라고 생각해 보세요. 당신 삶의 나무에서는 어떤 잎들이 떨어졌나요? 이제 당신에게 남은 잎들은 무엇이고, 다음에는 어떤 잎이 떨어질까요?

　나뭇잎이 땅으로 떨어지는 모습을 관찰하세요. 나뭇잎은 가볍게 떨어집니다. 떨어진 나뭇잎이 땅을 예쁘게 장식합니다. 그러다가 나중에는 거름이 되지요. 당신에게서 떨어지는 것들도 그렇습니다. 떨어진 뒤에도 다른 사람들에게 그리고 당신 자신과 당신의 내적 성장에도 좋은 영향을 미칠 것입니다. 그리고 나서 모든 것을 받아들이는 땅, 대지를 묵상하세요. 라이너 마리아 릴케Rainer Maria Rilke가 쓴 '가을'이라는 시 한 구절을 소개합니다.

우리 모두 떨어진다
여기 이 손도 떨어진다
다른 이들을 보라
모두 떨어진다
그러나 이 떨어지는 것을 한없이 너그러이
두 손으로 받아 주시는 분이 계신다

당신에게서 떨어진 것들은 하느님의 다정한 손에 모입니다. 땅, 대지는 어머니 같으신 하느님의 표상입니다. 하느님께서 당신도 한없이 너그러이 두 손으로 받아들이십니다. 당신 삶의 순간순간마다 이미 그렇게 하셨습니다. 알록달록한 나뭇잎처럼 당신의 삶이 하느님의 손에 떨어지는 마지막 순간에도 그분은 당신을 있는 그대로 받아 주실 것입니다.

안개 속에서

짙은 안개가 세상을 온통 뒤덮은 날에는 주저하지 말고 안개 속을 거닐어 보세요. 앞이 잘 보이지 않아 모든 것이 흐릿하고 불분명하게 느껴질 것입니다. 하지만 바로 이 불확실성 속에서 당신은 일상의 제약에서 벗어나 하느님의 신비로운 현존을 더욱 깊이 체험할 수 있습니다. 마치 세상의 모든 잡음이 사라진 듯한 고요함 속에서, 오직 당신의 내면에 집중하며 영혼의 소리에 귀 기울여 보세요. 당신은 헤르만 카를 헤세Hermann Karl Hesse가 쓴 '안개 속에서'라는 시에서 영감을 받을 수도 있습니다.

기이하구나,
안개 속을 거니는 것!

당신 안에서 올라오는 감정에 충실하세요. 어쩌면 어린 시절의 추억이 떠오를지도 모릅니다. 안개가 당신을 에워싸고 있다는 것, 당신은 보는 것뿐 아니라 몸 전체로 안개를 인지한다는 것을 깨닫습니다.

이제 하느님께서 당신을 감싸 주시는 모습을 상상해 보세요. 그분의 현존을 느끼면서 마음을 모으고 당신을 괴롭히는 외부 상황에서 벗어납니다.

안개는 당신의 시야를 좁게 만듭니다. 당신은 주변을 인지할 수 없습니다. 그러나 하느님께서는 당신이 온갖 산만한 것에서 해방되기를, 자신에게 오롯이 주목하기를 바라십니다. 당신이 체험하는 것들을 통해 하느님께서 가까이 계신다는 것, 그리고 그분이 당신을 치유해 주신다는 것을 깨닫게 됩니다.

3장

내면의
리듬

자신의 중심에 머물기

살면서 겪는 사건들과 일터에서 벌어지는 일들로 자신의 중심을 잃는 경우가 많습니다. 비판에 즉각적으로 반응하거나, 예상하지 못한 일이 생기면 크게 당황하기도 합니다. 자신의 영혼이 일과 직장에서 생기는 갈등에 큰 상처를 받는다고 생각하는 사람도 많습니다.

일하는 동안에도 자신의 중심과 교류하는 것이 도움이 됩니다. 자신의 중심과 교류하는 것은 내면을 살피는 일입니다. 내면이 단단해지면 우리는 외부로부터 받는 스트레스에 쉽게 흔들리지 않습니다. 그러면 상대방이 큰 소리를 내거나 화를 분출할 때 즉시 반응하지 않습니다. 내면으로부터 나오는 힘이 나를 지탱해 주기 때문입니다.

우리가 매 순간 내면의 힘을 느끼며 그 중심에 머무는 건 아닙니다. 어쩌면 그것은 환상에 가깝습니다. 그렇지만 내면을 들여다보려는 연습을 자주 하다 보면 단련이 될 수 있습니다. 의식은 우리가 다른 사람의 말이나 행동에 휘둘리기보다는 우리 내면의 힘으로 반응할 수 있게 이끌어 줍니다. 내면에 힘이 생기면 여유를 가질 수 있습니다. 사소한 일에 화내지 않을 것입니다. 우리는 차분하게 상황을 관찰할 수 있습니다.

어느 순간 다시 중심에서 벗어나면 의식을 통해 되돌아갈 수 있습니다. 자신의 내면을 살펴보는 것에서부터 변화는 시작됩니다. 상황이 여의치 않다면 복도 같은 곳을 천천히 걷거나 배 위에 손을 얹어 보는 등 간단한 방법으로 의식을 진행할 수도 있습니다. 이때 가장 중요한 것은 자신의 내면을 살펴보려는 노력입니다.

3장에서는 삶의 사건들과 일터에서 생기는 갈등 속에서 자신의 중심을 찾는 법을 이야기합니다. 다른 사람의 말이나 행동에 휘둘리지 않고 내면의 힘으로 차분하게 반응하며 삶의 균형을 되찾는 실천적인 방법들을 소개합니다.

이것이
바로 나다

우리는 뒤로 물러나 조용한 시간을 보내면서 힘을 모으고, 삶을 새롭게 보는 법을 배울 수 있습니다. 이는 우리에게 유익한 일입니다. 우리는 자신의 삶을 새로운 시각으로 바라보며 더 많은 희망을 품게 됩니다. 그러나 자신의 일상을 생각하자마자, 다시 예전 상태로 돌아가 삶에 풍파가 닥치지 않을까 걱정합니다. 이런 상황에서도 의식이 큰 도움이 됩니다.

복잡한 생각은 잠시 내려놓고, 들이쉬고 내쉬는 숨에 집중하세요. 숨을 내쉬면서 지금 당신을 사로잡는 것들을 내려놓으세요. 그저 당신이 숨을 쉰다는 것만 생각합니다. 당신은 이렇게 내면에 이릅니다. 그리고 이렇게 말합니다.

"이것이 바로 나다."

이 말을 하면서 당신은 마음이 가벼워지는 것을 느낄 수 있습니다.

내적으로 바로 선 당신은 이렇게 생각합니다.

'남들의 기대를 충족해야 한다는 부담을 내려놓고, 나는 단순하고 주도적으로 산다.'

그리고 자주 이렇게 말해 보세요.

"이것이 바로 나다."

아침에 알람 시계가 울릴 때마다 자신에게 그렇게 말하세요. 그러면 오늘 당신을 기다리는 일들에 휘둘리지 않게 됩니다. 당신은 내적으로 자유롭게 서게 될 것입니다. 직장에서 상사와 대화하거나 회의에 참석하기 전에 이렇게 말해 보세요. 그 순간, 당신은 자유로움을 느낄 것입니다. 이러한 내적 자유를 그 모임 내내 유지할 수 있느냐는 중요하지 않습니다. 적어도 당신은 그 모임을 다르게 시작할 수 있습니다. 그리고 오늘 하루도 달라질 겁니다. 언젠가는 이 내적 자유가 당신의 살이 되고 피가 될 것입니다. 중요한 것은 꾸준히 연습하는 것, 당신 자신에게 "이것이 바로 나다."라고 말하는 것입니다.

혼자 머물기

방에 혼자 앉아 눈을 감고 이렇게 생각하세요.

'나는 지금 완전히 혼자 있다. 휴대전화기는 꺼 두었다. 이제 아무도 나에게 연락할 수 없다. 아무도 나를 생각하지 않는다. 나는 완전히 홀로 있다.'

당신의 감정을 살펴보세요. 지금 슬픔을 느낄지도 모릅니다. 외로움은 견디기 힘들고, 자신을 슬프게 합니다. 그러나 이 감정을 견디면서 더 깊은 내면으로 들어가세요. 그런 다음 이렇게 상상하세요.

'지금 외로움이 내 마음속에 자리 잡고 있다. 그러나 나는 이 감정을 지나 영혼 깊은 곳으로 간다. 거기서 나는 내 존재의 근원에 이른다. 내 영혼 깊은 곳에서 나는 창조 세계 전체와 연결되었다고 느낀다. 또 그곳에서 사람들과 결속되었다고 느낀다. 지금 아무와도 말하지 않고 아무에게도 연락하지 않지만, 고요 속에서 나는 그들과 연결

돼 있다. 지금 나는 다른 사람들과 이야기할 필요가 없다.'

고요한 가운데 당신은 고대 시대의 저명한 수도승인 에바그리우스 폰티쿠스Evagrius Fonticus가 묘사한 것을 체험할 겁니다.

"한 수도승은 세상과 떨어져 있었지만,

자신이 연결되어 있다고 느낀다.

다른 수도승은 자신이 모든 사람과 하나가 되었음을 알고 있다.

그는 모든 사람 안에서 자신을 발견하기 때문이다."

불안을 넘어,
고요함으로

집 안에서 당신이 좋아하는 공간이나 편안한 의자에 앉아 보세요. 그렇게 앉아 당신 자신을 느끼고자 애쓰세요. 불안과 당신 주변을 맴도는 생각들을 떨쳐 내고 평화로운 내면으로 들어가세요. 이제 당신은 자신과 일치한다고 느낍니다. 당신이 하느님의 축복에 둘러싸여 있다고 상상하세요.

당신이 앉아 있는 방을 둘러보세요. 이 공간에서 치유하시는 하느님의 현존을 느껴 보세요. 방 안의 물건들을 하나하나 바라보세요. 벽에 걸린 그림이나 사진, 가구, 장식품 등을 찬찬히 살펴보세요. 그리고 당신이 이 방에서 체험한 많은 일을 떠올려 보세요. 그 일들은 하느님의 축복 아래서 이루어졌습니다.

하느님의 축복이 지금 당신을 감싸고 있습니다. 하느님께서 손을 뻗으시어 당신을 보호해 주십니다. 당신에게 해가 될 만한 일은 아무것도 일어나지 않습니다. 이 방에는 하느님의 축복이 가득합니다. 하느님의 축복 아래 당신의 마음이 평화로워집니다. 그런 가운데 느껴지는 편안함을 즐기세요.

당신이 방에서 나와 세상으로 들어가더라도, 하느님의 축복이 당신과 함께할 것입니다. 직장에서 일을 마치거나 외부 활동을 끝내고 다시 집으로 돌아오면, 당신은 다시 이 자리에 앉아 하느님의 축복에 둘러싸여 있을 수 있습니다. 그러면 당신의 집은 실제로 고향이 됩니다. 하느님의 신비가 그 안에 머물기 때문입니다.

내 몸을
살피는 시간

의자에 편안히 앉아 머리부터 발끝까지 몸을 천천히 살펴보세요. 먼저 머리에 집중해 보세요. 큰 부담을 느낄 때 머리는 어떻게 반응하나요? 두통을 겪지는 않나요? 그런 증상은 무엇을 말하고 있을까요? 그에 대해 당신은 어떻게 반응하나요?

눈의 상태는 어떤가요? 눈에 감사하는 마음이 드나요? 눈은 자신을 보호해 달라고 언제 경고 신호를 보내나요?

청력이 약해지거나 이명 같은 이상 증세를 느낀 적이 있나요? 귀를 통해 아름다운 음악, 감동을 주는 말을 들으면 어떤 감정이 드나요? 반대로 비판적인 말을 들으면 어떻게 반응합니까?

목으로 주의를 돌려 보세요. 인후염을 앓은 적이 있나요? 목이 조이거나 목구멍에 무언가 걸린 듯한 느낌을 받은 적은 없나요?

다음은 어깨로 시선을 돌려 보세요. 어깨는 이완되어 있나요, 아니면 경직되어 있나요? 경직되어 있다면 어떻게 대처하나요?

이어서 가슴 부위로 내려가 보세요. 숨을 제대로 쉴 수 있나요? 아니면 무언가가 호흡을 방해하고 있나요? 심장은 어떻게 느껴지나요? 심장 부위에 통증을 느낀 적이 있나요? 심장 박동이 빨라지거나 불규칙하다고 느낀 적은 없나요?

이제 등으로 주의를 돌려 보세요. 등에 통증이 느껴지나요? 그 통증은 무엇을 말하고 있을까요? 당신의 감정이 억눌렸음을 알려 주는 신호는 아닐까요?

소화관에도 집중해 보세요. 만약 소화에 문제가 있다면, 그것은 어떤 신호일까요?

이제 다리로 시선을 옮겨 보세요. 넓적다리, 무릎, 장딴지, 발로 서서히 내려가 보세요. 다리가 당신에게 봉사하고 있음에 감사한 마음이 드나요? 무릎에 이상이 있거나 통증이 느껴지나요? 관절이 아픈가요? 똑바로 설 수 있나요?

이렇게 당신의 몸을 탐색하면서 몸이 당신에게 봉사하고 있음에 감사합니다. 몸이 편안하도록 애쓰고, 당신 몸의 한계와 상처도 받아들이세요. 당신의 몸을 하느님께로 향하게 하면, 하느님의 영이 문제가 있는 신체 부위로 흘러갈 것입니다. 그리고 이렇게 생각해 보세요.

'내 몸은 있는 그대로 좋다. 내 몸은 하느님의 성전이다. 하느님의 영이 내 몸에 머무신다.'

당신에게
필요한 것들

의자에 편안히 앉아 눈을 감으세요. 그리고 숨에 집중하며, 숨이 어떻게 들어왔다가 나가는지 관찰합니다. 그것으로 충분합니다. 당신은 자신에게 필요한 모든 것을 가졌습니다. 그 어떤 결심도 하지 말고 단지 숨을 따라가세요. 당신은 하느님의 영이 당신 안에서 행하시는 것에 열려 있습니다. 당신 안에서 이루어지는 것을 평가하지 말고, 그저 이루어지게 하세요. 하느님께서 당신 안에 계십니다. 숨을 들이쉴 때마다 새로운 것이 당신 안으로 어떻게 흘러오는지 살펴보며 그 신비를 생각합니다.

중세의 페르시아 시인 루미Rumi는 숨을 "하느님 사랑의 향기"라고 표현했습니다. 하느님의 사랑이 당신 안으로 흘러오는 모습을 그려 보세요. 숨을 내쉬면서 당신은 이 사랑이 당신 몸의 모든 부위로, 저 깊은 곳까지 흐르게 합니다. 그러고 나면 당신의 온 몸이 이 사랑으로 충만해질 것입니다. 숨을 쉬면서 당신은 내면의 그 무엇이 당신을 어루만지거나 하느님께서 어루만져 주신다고 느낄 수 있습니다.

다시 숨을 내쉬면서 당신을 힘들게 하는 것들, 즉 두려움, 불안, 걱정, 상념, 분노, 오래된 관념이나 습관 등이 당신에게서 빠져나간다고 생각하세요. 숨을 내쉬며 옛것을 뱉어 내세요. 그러면 숨을 들이쉴 때 새것이 당신 안으로 들어올 수 있습니다. 새것은 언제나 새롭게 만드시는 하느님의 영, 바로 성령이십니다. 성령은 치유의 영입니다. 숨을 들이쉬면서 치유하시는 하느님의 영이 자신 안으로 흘러오는 모습을 그려 보세요. 숨을 내쉬면서는 하느님의 영이 당신의 상처 속으로, 당신의 경직된 곳으로, 당신의 약하거나 병들 위험이 있는 신체 부위로 스며들게 할 수 있습니다.

당신은 의식적으로 숨 쉬는 것이 자신에게 도움이 된다는 것을 깨닫게 됩니다. 이는 당신에게 매우 이로울 것입니다.

오롯이
내 안에 머물기

옛 수도승들은 자신들이 거주하고 묵상하는 방을 '켈리온Kellion'이라고 불렀습니다. 당신도 수도승들이 실천했던 '켈리온' 연습을 해 보세요. 이는 몹시 화가 났을 때 효과가 큽니다.

당신의 방에서 좋아하는 자리에 앉으세요. 지금부터는 아무것도 하지 마세요. 책장을 넘기지도 말고, 휴대전화도 옆으로 치우세요. 그냥 자리에 앉아 있으세요. 그리고 온갖 생각과 감정, 당신 안에서 일어나는 내적 혼란과 함께 자신을 견디려고 애써 보세요. 생각과 감정이 지나가게 하고, 그러면서 이렇게 생각하세요.

'이것이 나다. 이것은 나의 일부이기도 하다.'

이어서 하느님 앞에 앉아 있는 당신의 모습을 그려 보세요. 당신 안에서 나타나는 것들을 하느님께 내보이세요. 그런 다음 하느님께 조용히 고백하세요.

"제가 여기에 있습니다. 지금 저는 여러 생각으로 인해 정신이 몽롱한 상태입니다. 저는 지금 혼란스럽고 화가 나고 예민합니다. 저는 보잘것없는 사람이고, 세상을 피상적으로 바라봅니다."

이제 이렇게 생각하세요.

'하느님께서는 나를 있는 그대로 받아들이신다.'

이어서 하느님의 영이 지금 당신 안에서 나타나는 것들 속으로 흘러들게 하세요. 하느님의 영이 당신 안에 스며들어 당신을 떠나지 않는다면, 당신도 자기 자신에게 "괜찮다."라고 말할 수 있습니다. 이제 당신은 더 이상 자신에게서 달아날 필요가 없습니다. 당신은 자신을 견딜 수 있습니다. 이렇게 믿으니까요.

"나는 혼자가 아니다. 나를 받아 주시는 하느님께서 함께하신다."

자신을 도와라

자기 신뢰는 스스로 돕는 것과 연관이 있습니다. 몸을 바르게 하는 연습은 내면의 힘을 키우는 일이며, 나를 돕는 일입니다.

다리를 어깨너비로 벌리고 아름드리나무처럼 단단히 서세요. 들숨이 발바닥에서 정수리까지 올라오고 날숨이 정수리에서 발바닥까지 내려가는 모습을 그려 보세요. 숨을 내쉬면서 점점 더 깊이 내려가세요. 나무가 땅속 깊이 뿌리내리듯이 내려갑니다. 이어서 이렇게 생각하세요.

'나는 나를 돕는다. 나는 나를 응원한다. 나는 바로 설 수 있다. 나는 이 상태를 견뎌 낼 수 있다.'

몸은 우리 상태가 어떤지 알려 주는 일종의 바로미터입니다. 사람들 앞에서 강연하는 이들이 다리를 꼬거나 몸을 탁자에 밀착시키고 있는 모습을 볼 때가 있습니다. 이러한 자세는 불안한 마음을 표현합니다. 바른 자세는 건강한 내면을 드러내는 표시입니다. 우리의 내면은 자기 신뢰, 자존감으로 표현됩니다. 이때 중요한 것은 자신을 과장하지 않는 것입니다.

우리가 제대로 서 있다면, 우리의 중심이 가슴이 아닌 아랫배에 있다는 뜻입니다. 아랫배에 중심을 두면 더 위대한 것, 궁극적으로 하느님께 닿을 수 있습니다. 그리스도와 닿을 때 우리는 참된 자기 신뢰를 얻을 수 있습니다. 우리의 중심을 아랫배에 두는 것은 자아를 내려놓기 위한 연습이자 자신의 내면에 이르기 위한 연습입니다. 내면이 바로 선 우리는 하느님 안에서 쉴 수 있고, 예수 그리스도께 닿을 수 있습니다.

그 무엇도 나를
무너뜨릴 수 없다

다리를 어깨너비만큼 벌리고 똑바로 서세요. 그 상태에서 자신에게 이렇게 말하세요.

"나의 입장은 확고하다. 나는 어려움을 견뎌 낸다. 나는 나를 응원한다. 나는 나를 돕는다."

어떤 기분이 드나요? 자신이 똑바로 서 있음을 인지하면서, 이렇게 말하는 것과 당신이 지금 취하는 태도가 일치하는지 살펴보세요.

이번에는 다리를 좁게 벌리고 어깨를 움츠리세요. 이 자세를 취하면서 아까 했던 말을 반복해 보세요. 당신은 그 말과 자세가 일치하지 않는다는 것을 알게 될 것입니다. 당신의 자세가 그 말을 표현하지 않기 때문에 마음이 다르게 움직일 것입니다. 말과 태도가 다른 것은 확고한 태도가 아니라 불분명한 입장입니다. 그런 상태를 견뎌 내거나 극복하는 일은 힘들 수밖에 없습니다.

이제 편안한 자세로 서세요. 그런 다음 당신이 아름드리나무처럼 땅속 깊이 뿌리내린 모습을 그려 보세요. 당신은 바람에 이리저리 흔들리지만 쓰러지지 않는 나무처럼 단단히 서 있습니다. 이 상태에서 당신을 힘들게 하는 사람들을 떠올리세요. 그들이 당신을 비난한다면, 당신은 쉽게 쓰러질 수 있습니다. 이 상태에서 힘을 가진 사람들이 당신을 도와준다는 것, 그리고 온전히 당신 자신으로 존재하는 것이 무슨 뜻인지 생각해 보세요.

당신은 당신 자신을 도울 수 있습니다. 그러면 그 어떤 폭풍우나 악천후도 당신을 무너뜨리지 못할 것입니다.

나를 움직이는
내면의 에너지

편안한 의자에 앉아 긴장을 풀어 보세요. 그런 다음 눈을 감고 내면에서 들리는 소리에 귀를 기울이세요. 당신 안에서 흐르는 에너지를 어디서 감지할 수 있습니까? 서두르지 말고 그 에너지가 어디에서 시작되어 퍼져 나가는지 조용히 따라가 보세요.

두 손을 먼저 가슴 위에 얹어 보세요. 다음에는 심장 부위에, 이어서 배 위에, 끝으로 아랫배 위에 대세요. 당신 안에 흐르는 에너지를 느껴 보세요. 당신이 심장이나 배에서 감지하는 에너지는 그 유형이 다릅니다. 심장에는 사랑의 에너지가 있고, 배에는 힘의 에너지가 있습니다. 이 에너지는 무한한 것처럼 보입니다. 당신은 이 에너지를 감지하면서 온전히 당신 자신으로 있고 싶다는 욕구, 다른 사람들의 기대에 자신을 맞추고 싶지 않다는 욕구가 생깁니다. 당신의 내면은 힘과 열정으로 충만해집니다. 이것은 당신 존재의 깊은 곳에서 샘솟는 근원적인 생명력입니다.

당신은 이 에너지를 감지하면서 어떤 일을 처리하고 싶은 열정, 무언가를 만들거나 형성하고 싶은 열정, 당신의 삶에서 무언가를 바꾸거나 다른 사람들에게 다가가고 싶은 열정이 솟구치고 있다는 것을 알게 될 것입니다. 이러한 깨달음은 당신의 존재를 더욱 명확하고 의미 있게 만들어 줍니다.

당신의 열정이 당신을 어디로 이끌지 생각해 보세요. 그리고 당신이 열정적으로 하려는 일을 하느님께서 축복하시며 함께해 주시도록 청하세요. 그분의 축복이 더해질 때, 당신의 노력은 단순한 열정을 넘어 더 큰 의미와 힘을 얻게 될 것입니다.

고요 속에서
생기 얻기

    조용한 곳을 찾아보세요. 자동차나 기계로 인한 소음이 들리지 않는 숲이 그런 곳이겠지요. 걸으면서 자주 멈춰 서세요. 그래야 사방이 얼마나 고요한지 인지할 수 있습니다. 그렇게 멈춰 서서 고요한 숲을 느껴 보세요. 하지만 주변이 절대적으로 고요하진 않을 겁니다. 쇄쇄하며 나지막하게 부는 바람 소리나 새들이 지저귀는 소리가 들릴 겁니다. 그러나 바람 소리도, 새들의 노랫소리도 고요를 방해하지 않습니다. 오히려 자연의 소리는 고요함을 한층 더해 줍니다. 당신을 에워싸고 있는 고요를 누리세요. 고요에 둘러싸여 있는 자연이 당신에게 얼마나 좋은 것들인지 생각해 보세요. 이러한 자연의 고요는 지친 영혼을 위로하고 평화를 선사할 것입니다.

    당신은 지금 아무것도 할 필요가 없습니다. 당신은 그냥 그대로 있으면 됩니다. 당신은 자신이 순수하게 이 순간에 머물고 있다는 것을 깨닫습니다. 여기서 '고요Stille'란 '단순하게 있음', '단순히 그대로 있음', '순수하게 현존함', '어떤 의도가 전혀 없음'을 의미합니다. 아무것도 행하지 않는 이 순간, 당신의 진짜 모습을 만날 수 있습니다. 고요는 순수하고 투명합니다. 고요는 인간이 만드는 소음으로 깨지지 않고, 인간의 생각으로도 깨지지 않습니다. 고요 속에서 인도의 현자 라빈드라나트 타고르Rabindranath Tagore가 한 말을 떠올려 봅니다.

"죽은 말言의 티끌이 그대에게 붙어 있다. 고요 속에서 그대의 영혼을 씻어라!"

고요 속에서 당신의 영혼은 깨끗해집니다. 더 순수해지고 생기를 얻습니다. 당신은 근원적인 것, 순수한 것, 투명한 것, 창조 세계에서 나오는 광채를 상상할 수 있습니다. 당신은 경탄하고 침묵하며 단순히 그대로 머물러 있습니다.

에리히 프롬Erich Fromm이 말하는 '소유와 존재'의 차이를 생각해 봅니다. 당신은 무언가를 소유할 필요가 없습니다. 재물도, 남들의 인정도 필요 없습니다. 그저 단순하게 존재는 것, 그것이 인간이 경험할 수 있는 최상의 단계이며, 진정한 자유와 내적인 평화를 누리는 길입니다. 이렇게 순수하게 존재하는 가운데 당신은 하느님과 하나가 됩니다. 그리고 존재하는 모든 것과 하나가 됩니다.

깊이
뿌리 내리기

   산이나 숲으로 가서 우람하고 멋진 나무를 찾으세요. 그 나무 옆에 서서 당신의 뿌리가 땅속 깊은 곳에 다다른 모습을 그려 보세요. 이어서 당신의 뿌리에 대해 깊이 생각해 봅니다.

   폭풍우가 몰아치면 나무는 쉴 새 없이 흔들립니다. 그러나 뿌리가 깊은 나무는 쓰러지지 않습니다. 이제 시선을 나무줄기로 옮깁니다. 나무줄기는 당신의 몸을 상징합니다. 당신의 중심부를 느껴 보세요. 그곳은 당신이 편히 쉴 수 있는 곳입니다. 당신이 들이쉬는 숨이 다리를 통해 몸 안으로 흘러들고 머리를 통해 하늘까지 흘러간다고 상상해 보세요. 당신이 내쉬는 숨은 머리에서 땅속으로 흘러듭니다. 당신이 쉬는 숨이 하늘과 땅을 연결하는 모습도 상상해 보세요.

   당신은 나무처럼 깊이 뿌리를 내리고 있습니다. 당신의 마음은 하느님의 신비에 열려 있습니다.

있는 그대로의 나를
받아들이는 용기

많은 사람이 자신의 어두운 면을 억압하면서 에너지를 허비합니다. 이때는 십자가 모양의 동작을 취하는 의식이 도움이 됩니다. 두 팔을 가슴 위에서 교차한 뒤에 요한 복음에서 예수님께서 하신 말씀을 떠올립니다.

"나는 땅에서 들어 올려지면
모든 사람을 나에게 이끌어 들일 것이다."(요한 12,32)

십자가에 계신 예수 그리스도께서 어두운 면과 대립적인 면을 가진 우리를 두 팔 벌려 안아 주십니다. 우리는 내면에 존재하는 양극을 오가며 마음이 이리저리 흔들릴 때가 많습니다. 우리는 경건하고 다른 사람들에게 친절하며 다정하려고 합니다. 하지만 자신 안에서 늘

이와 반대되는 경건하지 않고 세속적인 모습, 불친절하고 굳어 있는 모습, 공격적이고 불만족스러운 모습을 발견합니다. 이런 면을 억압하는 것은 그다지 의미가 없습니다. 심리학자 융C. G. Jung에 따르면, 억눌린 것은 그림자 영역으로 들어가 우리 영혼에 부정적인 영향을 미친다고 합니다. 중요한 것은 자신의 어두운 면을 받아들이는 것입니다. 나는 있는 그대로의 나를 받아들이면서 그리스도께서 내 안에 있는 대립적인 면들을 감싸안으시는 모습을 그려 봅니다. 나는 두 팔을 가슴 위로 교차하면서 이렇게 상상합니다.

'나는 내 안에 있는 강함과 약함, 건강한 면과 병든 면, 온전한 것과 깨져 버린 것, 효과 있는 것과 효과 없는 것, 성공한 것과 실패한 것, 잘 살았던 것과 잘 살지 못한 것, 밝은 면과 어두운 면, 생기 있는 모습과 경직된 모습, 기쁨과 슬픔, 신뢰와 두려움, 믿음과 불신 등 모든 면을 받아들인다. 나를 있는 그대로 인정한다. 이로써 에너지를 낭비하지 않는다. 나는 나 자신과 조화를 이룬다.'

이렇게 나 자신을 감싸안으며 있는 그대로의 나를 느낍니다. 나는 내 안에 안전하게 머뭅니다.

내가 살아온 삶과 화해하기

자신이 살아온 삶과 화해하는 것은 우리가 평생 수행해야 할 과제입니다. 자신의 삶과 화해한다는 것은 감사하는 마음으로 과거를 돌아보고 상처 속에서 자신의 강함을 발견한다는 것을 의미합니다. 상처는 나를 생기 있게 만들어 주고, 하느님을 향해 나아가도록 이끌어 줍니다. 누구나 자신이 살아온 삶과 화해하기 위한 고유한 의식을 마련할 수 있습니다. 내 삶의 주인이 바로 나임을 떠올리며 이렇게 생각해 보세요.

'나는 나의 역사와 화해했다. 내 삶이 그렇게 흘러갔다고 다른 사람들을 비난하지 않겠다.'

모두 다 괜찮다

혼자 있을 때 이런 의식을 해 볼 수 있습니다. 촛불을 켜고 평소 기도하는 자리에 앉아 늘 우리와 함께하시는 하느님을 생각하세요. 호의적이고 다정하신 하느님 앞에서 당신이 살아온 삶을 천천히 되돌아봅니다. 어떤 장면이 떠오르나요? 무엇에 감사하는 마음이 드나요? 어떤 고통스러운 일이 위로 올라옵니까?

하느님께 당신의 상처를 드러내세요. 그리고 하느님의 사랑이 상처에 스며들어 치유해 주시는 모습을 그려 보세요. 하느님께서 사랑으로 만져 주신 상처는 더 이상 고통스럽지 않습니다. 그 상처는 이제 당신을 아름답게 장식해 주는 진주가 됩니다. 마지막으로 과거를 지나 이 순간을 살아가는 자신에게 "모두 다 괜찮다."라고 말해 줍니다.

상처를 묻는 의식

지난 삶과 화해할 수 있는 또 다른 의식을 소개합니다. 자연을 거닐며 당신이 살아오면서 받은 상처를 상징할 수 있는 자연물들을 모으세요. 또는 당신이 벗어나지 못한 자기 비난에 관한 이야기를 종이에 적어 보세요. 이것들을 손에 들고 큰 소리로 말합니다.

"나는 이 돌과 함께, 이 부러진 나뭇가지와 함께,

이 종이와 함께 상처를 완전히 묻는다."

그런 다음 당신이 찾은 자연물들이나 글로 쓴 종이를 배양토가 담긴 화분에 묻으세요. 그 화분에 꽃씨를 뿌려서 실내나 정원으로 옮겨 둡니다. 아내나 남편, 친구와 함께하는 것도 좋겠지요.

이 의식을 마무리했다고 예전에 자신에게 가했던 비난이 다시는 올라오지 않을 거라고, 상처가 당신을 고통스럽게 하지 않을 거라고 보장할 수 없습니다. 그러나 자신에게 이렇게 말하세요.
"나는 그 상처를 땅에 묻었다."
흙을 파 뒤집는 것은 무의미한 일입니다. 그러면 꽃이 자랄 수 없습니다. 나는 나를 괴롭히는 것들을 아름다운 꽃을 피우는 옥토로 만듭니다.

나에게
"괜찮다"라고 말하기

자기 내면을 들여다보면서 감추고 싶은 마음, 환상, 감정, 열정이 그 안에 있다는 것을 알아차립니다. 이런 것들을 시인하지 않고 억누르면 더 많은 에너지가 소모됩니다.

융은 모든 사람 안에 어두운 면이 있다고 말합니다. 우리는 보통 자신의 좋은 면만 내보이고 어두운 면은 감추려고 합니다. 그러나 감춰진 이 어두운 면들은 내 마음속 그림자 영역에서 자리를 넓히려 하고 종종 불쾌한 방식으로 모습을 드러냅니다. 억눌린 공격성은 우리의 표정에서도 드러납니다. 그리고 억눌린 욕구는 남에게 불편함을 주거나 선을 넘는 행동으로 표출되기도 합니다.

그림자와 같은 어두운 면은 우리가 화해해야 하는 영역입니다. 우리는 '자기 비난', '죄책감', '자기 비하'를 일삼았던 자신과 화해해야 합니다. 이런 것들은 우리에게 망상적인 자아상을 제시합니다. 우리는 이 헛된 자아상과 결별해야 합니다. 감추고 싶었던 자기 자신과 화해하면서 스스로 "괜찮다."라고 말해 주어야 합니다.

당신이 묵상하거나 기도하는 자리 또는 당신이 편안하게 느끼는 곳에 앉으세요. 그런 다음 자신을 비난했던 순간들을 떠올려 봅니다. 무엇 때문에 자신을 비난했습니까? 당신의 죄책감 이면에는 어떤 모습이 숨어 있습니까?

늘 우리를 용서하시는 하느님의 사랑을 떠올려 보세요. 당신을 있는 그대로 받아들이고, 당신이 예전에 취했던 태도 또한 수용하세요. 그런 가운데 당신 자신을 용서하려고 애쓰세요. 그러면 당신의 죄도 '복된 죄'로 바뀔 것입니다. 그것은 당신이 '독선'을 벗어 버리고 다른 사람들과 하나가 되게 합니다. 이 의식은 넓고 온유한 마음으로 주변 사람을 대할 수 있게 이끌어 줍니다. 또 당신에게서 화해의 빛이 나오게 합니다.

이제 당신은 하느님께 아무것도 입증할 필요가 없습니다. 오히려 하느님께서는 당신이 "부서지고 꺾인 마음"(시편 51,19)을 드러내기를 바라십니다. 당신이 가하는 자기 비난의 이면에 어떤 망상적인 자아상이 숨어 있는지 살펴보세요. 그런 다음 당신은 자신이 꿈꾸는 그런 이상적인 사람이 아니라 강함과 약함을 지닌 평범한 사람임을 인정합니다. 자신이 평범하고 깨지기 쉬운 연약한 존재임을 시인하고 그에 따른 고통을 이겨 내야 자신과 화해할 수 있습니다. 그리고 당신의 영혼 안에서 꿈틀대는 잠재력을 발견하게 될 것입니다.

이제 당신은 자신의 존재와 당신을 형성하는 모든 것들에 감사하는 마음을 가지고 살 수 있습니다. 마지막으로 당신의 어두운 면들로 시선을 돌려 보세요. 당신이 민감하게 반응하는 것에 비추어 그 어두운 면들을 알 수 있습니다. 당신은 무엇에 민감하게 반응합니까? 당신 안에 있는 어떤 억눌린 면이 모습을 드러냅니까? 자신과 다른 사람들 앞에서 특히 감추고 싶은 것이 무엇인가요? 그것을 하느님께 내보이세요. 이어서 하느님의 빛이 당신의 온갖 어두운 면을 관통하면서 그것들이 활기와 힘의 원천으로 바뀌는 모습을 그려 보세요.

행복한 아이

빛바랜 어린 시절의 사진들을 몇 장 골라 보세요. 그런 다음 세심하게 관찰하세요. 마치 그 안에 담긴 시간을 거슬러 올라가듯, 사진 속 시간으로 들어가 보세요. 당신 안에서 어떤 감정들이 피어나는지 마음을 열고 살펴보세요. 그리고 이렇게 말해 보세요.

"이 아이가 바로 나다. 사진 속 이토록 행복하고 천진난만한 아이가 시간을 넘어 이 순간, 내 안에 살아 숨 쉬고 있다."

잠시 사진 속 아이가 발산하는 기쁨을 느껴 봅니다. 사진 속 아이의 순수한 기쁨이 당신의 내면을 어루만지고 치유하는 것을 느껴 보세요. 마지막으로 사진 속 이 아이를 다정하게 안아 주세요. 그리고 하느님께 청하세요. 이 아이를 강하게 해 주시도록, 이 아이가 활력의 원천에 이를 수 있도록.

추억하기

당신이 좋아하는 자리에 앉아 눈을 감고 어린 시절을 떠올리세요. 어린 시절에 내가 편안하게 느낀 곳이 어디였는지, 좋아했던 아지트가 있었는지, 어떤 것이 내 마음을 움직였는지 생각해 봅니다. 지나간 시간은 내 안에 계속 있습니다.

심리학자이자 정신과 의사인 빅터 프랭클Viktor Frankl은 지나간 것을 "가장 명확한 형태로 존재한 것"이라고 표현합니다.

아무도 당신에게서 지나간 시간을 빼앗을 수 없습니다. 안전하게 보호받았던 기억, 마음이 움직였던 체험들을 떠올려 보세요. 어린 시절의 체험들이 지금 당신의 마음을 어떻게 움직이는지 살펴보세요. 그리고 이 순간에 잠시 머물러 봅니다. 추억은 아이였던 당신과 성인인 당신을 연결해 줍니다. 추억은 당신을 온전하게 합니다.

하느님 손안에
편안히 누워

믿음의 의미를 되새겨 주는 의식에 당신을 초대합니다. 당신은 이 의식을 통해 믿음을 체험할 수 있지만, 그보다 더 중요한 것은 믿음의 본질입니다.

바닥에 편안히 누우세요. 등을 바닥에 밀착시키고 내 안에 느껴지는 모든 긴장을 내려놓습니다. 그런 다음 지금 하느님의 손안에 누워 있다고 상상해 봅니다. 지금 당신은 아무것도 이룰 필요가 없고, 아무것도 증명해 보일 필요가 없습니다. 자신을 변호할 필요도 없습니다. 당신은 단순하게 하느님의 손안에 머물면 됩니다. 하느님께서 당신을 안전하게 받쳐 주십니다. 당신은 이렇게 보호받고 있습니다. 하느님의 보호를 믿으세요. 이것은 신뢰 체험, 자신이 안전하게 보호받고 있다는 체험입니다. 나아가 다른 사람들 앞에서 자신을 증명해야 한다는 부담에서 벗어나게 해 주는 체험입니다.

하느님과 화해하기

자신이 바라는 대로 삶이 흘러가지 않으면, 우리는 종종 그것을 하느님 탓으로 돌리곤 합니다. 하느님께서 우리를 돌봐 주지 않았다고 생각합니다. 하느님께서 병으로부터, 사랑하는 사람을 잃게 된 이유로부터, 실패로부터 우리를 지켜 주지 않았다고 생각합니다. 그리고 자신만 손해를 보며 살았다고, 다른 사람들은 행운을 가지고 태어났지만, 자신은 그렇지 못하다고 한탄합니다.

이런 마음을 가지고 있다면, '모태에서부터 그리고 어린 시절을 거쳐 지금까지 우리에게 무수히 내어 주신' 하느님께 감사하지 못하고, 그분의 초대도 거절하게 됩니다. 우리는 하느님과 화해해야 합니다. 하느님과 화해하지 않으면 우리 자신과 화해하기도 힘듭니다. 하느님과 화해하는 데 다음 의식이 도움이 될 것입니다.

하느님 사랑으로 들어가기

당신이 기도하는 자리에 앉으세요. 숨을 깊이 들이쉬고 내쉬면서 몸의 긴장을 풀고, 마음의 평화를 찾아보세요. 그런 다음 내면에서 들리는 말에 귀 기울이세요. 내면의 가장 깊은 곳에서 울려 퍼지는 소리, 즉 당신의 영혼이 들려주는 메시지에 집중해 보세요.

당신 안에 만들어진 하느님의 이미지를 떠올려 봅니다. 기쁨과 은총의 순간들은 물론, 고통과 시련의 시기에 하느님을 어떻게 바라보았는지 솔직하게 고백해 보세요. 마음속에 품어 왔던 불평이나 원망이 있다면, 주저하지 말고 하느님께 내어놓으세요. 당신이 만든 하느님의 이미지를 무너뜨린다면, 그 이면에서 무엇이 등장할까요? 하느님은 우리가 만든 이미지와 전혀 다른 분일지도 모릅니다. 당신이 퍼붓는 '비난'이나 '저항'을 버리고 하느님 안으로, 우리의 이해의 폭을 넘어서는 하느님의 사랑으로 들어가 보세요.

이제 두 손을 사발 모양으로 만듭니다. 이 동작을 취하면서 당신이 만들어 낸 하느님의 이미지를 내려놓으세요. 그리고 하느님께서 우리의 빈손에 당신의 사랑을 가득 채워 주시기를 청해 봅니다.

편지 쓰기

하느님과 화해하기 위한 다른 의식도 소개합니다.

하느님께 편지를 쓰세요. 편지를 쓰면서 당신을 힘들게 하는 모든 것을 하느님께 내어놓을 수 있습니다. 그 일들에 대한 하느님의 생각이 무엇인지도 물어보세요. 그렇게 편지를 쓰면서 하느님과 대화하세요. 당신의 질문과 불평에 대한 하느님의 대답을 들을 수 있을 것입니다. 어쩌면 당신은 '이건 결코 하느님의 대답이 아니야. 내가 쓴 글일 뿐이야.'라고 생각할지도 모릅니다.

물론 그렇습니다. 그러나 하느님 편에서 당신을 바라본다면, 문득 스쳐 지나가는 생각들이 있을 것입니다. 그 내용을 편지에 적으면 됩니다. 그러면서 하느님을 이해하게 될 것입니다. 하느님께서는 당신을 더 많이 신뢰하십니다. 그분께 당신의 이야기를 전해 보세요.

당신이 생각한 모든 이야기를 편지로 남겨 보세요. 하느님께서 하늘과 땅의 주인임을 알고, 당신이 하느님의 뜻을 완전히 이해하지 못하더라도 그 뜻을 따를 준비가 되어 있다는 이야기까지 남겨 보세요. 그리고 하느님께서 당신 마음에 평화를 선물해 주시길 간청하세요. 그렇게 하느님 뜻에 순응하고 자신을 내려놓음으로써 당신의 참된 자아로 한 걸음 더 다가갈 수 있을 것입니다.

당신에게
고요를 허용하라

조용히 자리에 앉아 눈을 감고 오롯이 당신 안에 머물러 봅니다. 당신 안에 떠오르는 모든 감정을 지나가세요. 실망과 씁쓸함이 올라올 수 있습니다. 이 사람이나 저 사람에 대한 공격성이 드러나기도 할 것입니다. 당신의 삶이 왜 이렇게 되었는지 분노할 수도 있습니다. 당신 안에는 공허함도 있습니다. 이런 감정들을 그냥 지나치세요. 이 모든 감정 아래에서 당신은 사랑의 샘을 마주할 것입니다. 영혼 깊은 곳의 이 샘은 절대로 마르지 않습니다.

사랑은 감정 그 이상입니다. 하느님께서 주신 힘입니다. 사랑은 우리에게 내적 평화를 선사합니다. 잠시 고요하게 머물러 보세요. 당신의 영혼 깊은 곳에서 흐르는 사랑이 당신의 몸 안으로, 당신의 심장 속으로, 당신의 눈으로, 당신의 손으로 퍼져 나갑니다. 이제 당신은 사랑으로 충만해 있습니다. 누구도 이 사랑을 앗아 갈 수 없습니다.

내 안에 흐르는
하느님 사랑

가슴 위에 두 손을 올려놓고 당신 안의 사랑을 떠올려 보세요. 잠시 그렇게 머물면서 따뜻한 손의 온기를 느껴 보세요. 이 온기는 사랑의 징표입니다. 프랑스 작가 앙투안 드 생텍쥐페리Antoine de Saint-Exupéry는 사랑에 대한 갈망 속에 이미 사랑이 있다고 말합니다.

당신 안에서 피어나는 사랑의 갈망을 인지하세요. 동시에 이 갈망 깊은 곳에 이미 깃들어 있는 사랑 또한 분명히 느껴 보세요. 이 두 감각이 당신의 존재 안에서 함께 공명하는 것을 느껴 보세요. 그런 가운데 자신에게 이렇게 말해 봅니다.

"사랑은 나의 본질적인 일부다. 내 안에 생명처럼 사랑이 흐른다. 아무도 이 사랑을 앗아 갈 수 없다. 그 어떤 실망도 이 사랑을 파괴할 수 없다."

사랑은 파괴할 수 없는 힘을 지니고 있습니다. 당신에게 온기를 주는 이 사랑을 충분히 느껴 보세요. 그리고 그 존재에 깊이 감사하세요. 사랑은 하느님께서 당신에게 주신 선물입니다.

사랑은 당신이 내면의 가장 깊은 곳과 접촉하게 합니다. 밝음과 온기가 느껴지는 내면 깊은 곳에서 당신은 자신을 온전히 포용할 수 있습니다. 그리고 자신 곁에서 진정한 편안함을 느끼게 될 것입니다. 바로 당신의 내면 깊은 곳에 하느님께서, 신비이신 그분께서 영원히 머물고 계시기 때문입니다. 독일어로 '고향Heimat'은 언제나 '신비Geheimnis'와 연관이 있습니다. 진정한 신비가 머무는 곳만이 우리의 진정한 고향이 될 수 있습니다.

자기화自己化의 길

융이 언급한 바와 같이 가장 나다운 모습으로 거듭나는 길, 자기화 Selbstwerdung, 개별화Individuation는 '받아들이기', '내려놓기', '하나 되기', '변화하기', '새로워지기' 이 다섯 단계를 거칩니다. 그러나 이 다섯 단계가 늘 순서대로 진행되는 건 아닙니다. 어떤 상황에서는 '받아들이기'가 중요하고, 또 다른 상황에서는 '내려놓기'나 '하나 되기', '새로워지기'가 더 중요할 수 있습니다.

'자기화'를 위한 내적 여정을 거치는 방법은 여러 가지입니다. 그중 한 가지는 명상입니다. 우리는 호흡하면서 받아들이기, 내려놓기, 하나 되기, 변화하기, 새로워지기를 체험할 수 있습니다. 교회가 거행하는 의식들은 이 과정으로 우리를 초대합니다.

나아가 개인적 성숙에 이르기 위한 방법도 있습니다. 이는 있는 그대로의 내 모습에 "괜찮아."라고 말하도록, 우리가 옛것을 더는 무거운 짐으로 여기지 않고 내려놓도록 이끕니다. 또한 하느님과 우리가 하나가 되어 하느님께서 우리에게 새겨 주신 본래의 순수한 모습으로 변화하도록, 모든 것을 새롭게 만드시는 하느님의 영을 통하여 새로워지도록 이끕니다. 지금부터 이 단계들을 연습하는 데 도움이 되는 의식을 소개합니다.

받아들이기

많은 심리학자와 영적 동반자들은 '자신을 있는 그대로 받아들이라'고 말합니다. 로테르담의 에라스무스는 "자신이 바라는 사람이 되는 것이 바로 행복"이라고 정의했습니다. 그런데 여기서 이런 궁금증이 생깁니다.

'어떻게 해야 자신이 바라는 사람이 될 수 있는가?'

이런 의문이 들 때 다음 의식을 진행해 보세요. 당신이 기도하는 곳이나 성당에 가서 앉으세요. 그런 다음 가슴에 오른손을 얹고 이렇게 생각합니다.

'나는 있는 그대로의 나를 받아들이고 내 삶을 이끌어 간다. 나는 하느님께서 나를 이렇게 만들어 주신 것에 감사한다. 나는 내 안에 놀라워할 만한 성향이 있음을 안다. 나는 지금 내 삶에, 나의 재능과 한계에, 나의 능력과 약함에도 감사한다. 나는 있는 그대로의 내 모습에 '괜찮아.'라고 말할 수 있다. 하느님께서 나에게 '괜찮아.'라고 말씀하

셨음을 알기 때문이다.'

그리고 나서 치유하시는 하느님께서 당신을 안아 주시는 모습을 상상해 보세요. 하느님 안에서 당신은 있는 그대로 존재해도 됩니다. 당신은 그 안에서 평화와 완성을 발견합니다. 지금 당신은 자신을 받아들일 필요가 전혀 없습니다. 단순히 그대로 머물러 있습니다. 그런 가운데 자기 자신과 조화를 이룹니다. 하느님께서 당신을 선택하셨음에, 당신을 바라보심에 감사하는 마음을 가집니다. 당신은 하느님께 소중한 존재입니다. 하느님께서는 당신을 이 세상에 둘도 없는 유일한 사람으로 만들어 내셨습니다.

내려놓기

'받아들이기'와 '내려놓기'는 긴밀히 연관되어 있습니다. 이 둘은 가장 나다운 모습으로 거듭나는 길, 자기화 과정에서 출발점이 됩니다. 내가 받아들이는 것만 내려놓을 수 있기 때문입니다.

내려놓기 위한 의식은 숨을 내쉬는 것입니다. 숨을 내쉬면서 머릿속에 떠오르는 모든 생각을 내려놓습니다. 낡은 것들과 지난 일들도 내려놓습니다. 그리고 나 자신을 내려놓습니다.

독일의 심리치료사 칼프리드 그라프 뒤르크하임Karlfried Graf Dürckheim(1896-1988)은, 호흡할 때 가장 중요한 순간은 숨을 내쉴 때와 들이쉴 때 사이, 지극히 짧은 순간이라고 말했습니다. 바로 이 찰

나에 우리는 자기 자신을 내려놓아야 합니다. 또 모든 것을 통제하고 주도하려는 욕구를 내려놓아야 합니다. 바로 이 순간에는 숨을 내쉬는 것도, 들이쉬는 것도 없습니다. 이 고요한 순간에 우리가 해야 할 중요한 일은 하느님의 드넓은 손에 안착하는 것입니다.

내려놓기 위한 또 다른 의식은 걷거나 달리는 것입니다. 달리면서 나를 구속하는 것, 내가 매달리는 것, 나에게 달라붙은 것들에서 벗어날 수 있습니다.

강이나 바다에 '돌 던지기'도 내려놓기에 도움이 됩니다. 나를 규정하는 그 무엇을 돌들과 함께 물속으로 던져 보세요. 해묵은 상처나 생활신조 또는 내가 단순히 벗어나지 못하는 생각이나 감정 등을 내려놓으려면 때로는 신체적 힘도 필요합니다.

하나 되기

자기화를 위한 내적 여정에서 셋째 단계는 '하나 되기'입니다. 이것 역시 '묵상'으로 체험할 수 있습니다.

먼저 숨을 내쉬면서 모든 것을 내려놓겠다고 생각합니다. 그리고 숨을 들이쉬면서 하느님의 영이 내 안으로 들어온다고 상상합니다. 나는 하느님의 영과 함께 그리고 하느님의 영을 통하여 나 자신과 하나가 됩니다. 호흡을 통해 이 모든 일이 이루어집니다.

하나 되는 체험을 하도록 교회가 우리에게 선사하는 의식이 있습니다. '성찬례' 때 성체를 받아 모시는 것입니다. 이때 우리는 '빵'을 먹으면서 그리스도와 하나가 됩니다. 그리고 그리스도를 통하여 하느님과 하나가 됩니다. 먹는 것은 예로부터 통합의 행위입니다. 나는 낯선 것을 내 안에서 통합합니다. 성체를 받아 모시면서 나는 그리스도의 몸과 하나가 됩니다. 그리고 십자가에 당신 자신을 바치면서 더 눈부시게 빛났던 그 사랑과 하나가 됩니다. 성체를 받아 모실 때 그리스도의 몸이 내 안으로 들어오고 내 몸을 관통하면서 나는 그분과 하나가 됩니다. 이때 내 안에는 그리스도의 몸에 스며든 것들밖에 없기에 나 자신과도 하나가 될 수 있습니다. 또 내 삶, 내 몸, 지금까지 행한 모든 일을 수용할 수 있습니다. 그리스도와 하나가 되면서 나는 동시에 모든 사람과 그리고 모든 피조물과 하나가 됩니다.

하나 되기 위한 다른 의식을 소개합니다.

조용히 자리에 앉아 자신이 '혼자 있다'는 것에 집중합니다. 스위스의 정신분석가 페터 쉘렌바움Peter Schellenbaum은 모든 것과 하나 되는 것은 놀라운 일이라고 말합니다. 당신이 혼자 있다는 것을 받아들이세요. 그리고 혼자 있음이 무엇을 의미하는지 생각해 보세요.

변화하기

자기화의 길에서 넷째 단계는 '변화하기'입니다. 변화는 고대 그리스 철학과 신화에서 인간이 되기 위한 중요한 요소였습니다. 인간은 하느님께서 지으신 본래의 모습으로 변화되어야 합니다. 성경은 예수님께서 영광스러운 모습으로 변모하신 사건을 우리에게 전합니다(마태 17,1-9 참조). 그때 그분의 얼굴이 해처럼 빛났습니다. 예수님께서는 신성을 지니신 본래 모습으로 변하셨습니다. 그렇지만 제자들은 그분의 신성을 완전히 알아차리지 못했습니다.

변화를 위한 중요한 의식도 '성찬례'입니다. 성찬례 때 빵을 봉헌하면서 우리의 삶과 우리를 어렵고 힘들게 하는 것들도 함께 봉헌합니다. 자신의 단조로운 일상을 봉헌하고, 찢긴 마음도 봉헌합니다. 빵은 여러 곡물을 잘게 빻아서 구운 것입니다.

그리고 포도주가 담긴 잔을 봉헌하면서 자신의 고통과 씁쓸함을 하느님께 바칩니다. 그분의 신적 은총을 받아 변화하기를 바라는 것들입니다. 포도주가 담긴 잔을 봉헌하면서 우리의 공격성과 상처, 종종 혼재됐던 사랑까지도 함께 바칩니다. 그리고 이 봉헌 제물에 깃든 하느님의 영이 우리 삶을 바꾸어 주시리라, 하느님의 근원적인 순수함이 우리 안에서 가시화되리라 믿습니다.

두 손을 사발 모양으로 만들어 높이 들어 올리면서 당신의 삶을 하느님께 바치는 의식을 해 봅니다. 있는 그대로의 당신 삶은 당신의 손에 새겨졌습니다. 이렇게 손동작을 취하면서 자신의 본모습을 하느님께 내보여 드립니다. 그분께서 당신을 위해 마련해 놓으신 자취를 당신의 손에 새겨 주시도록, 당신이 이 세상에 삶의 자취를 새겨 놓을 수 있도록 도움을 청해 봅니다.

새로워지기

가장 나다운 모습으로 거듭나는 길, 자기화 과정의 마지막 단계는 '새로워지기'입니다. 이것 역시 호흡을 이용한 의식으로 연습할 수 있습니다. 당신은 숨을 들이쉬면서 새롭고 신선한 공기가 들어오는 것을 느낍니다. 그리고 그 숨 안에서 창조의 성령이 함께하심을 알아차릴 수 있습니다. 숨을 들이쉴 때 당신 안에서 무언가가 새로워집니다. 당신 자신도 새로워집니다. 하느님은 모든 것을 새롭게 만드시는 영이십니다. 하느님께서 그 영을 통하여 당신을 새롭게 창조하십니다. 당신은 하느님께서 당신 안에 있는 모든 것을 생기 있게 만드시고 새롭게 해 주시는 모습을 그려 볼 수 있습니다.

4장

친교의
리듬

사람들과
관계 맺고 가꾸기

최근 부부 치료 분야에서는 부부 관계에 긍정적 영향을 미치는 의식에 대한 연구가 활발히 진행되고 있습니다. 심리학자 안케 비른바움Anke Birnbaum은 의식이 함께 사는 부부의 정체성과 결속을 강화한다고 말합니다.

"의식은 부부가 잠시 외부 세계와 그에 따른 다양한 요구들로부터 거리를 두게 할 수 있다. 이러한 거리 두기를 통해 부부는 오로지 둘만의 시간과 공간을 마련할 수 있다. 결과적으로 그들은 아무런 방해 없이 서로 소통하고 자유롭게 활동할 수 있다."

부부는 '잠자리에서의 입맞춤'처럼 작은 의식으로 서로에 대한 감정을 표현합니다. 또 결혼기념일이나 두 사람이 처음 만난 날을 기념하며 함께 만들어 온 추억의 역사를 되새기기도 합니다. 의식은 스트레스를 완화해 부부 관계에 도움을 줍니다. 부부는 자유로운 공간에서 특별한 의식을 행하며 함께 시간을 보내고 외부에서 밀려드는 스트레스를 해소할 수 있습니다.

갈등을 해소하는 데 의식이 도움이 될 수 있습니다. 그렇지만 의식을 지나치게 강조하거나 모든 문제를 해결해 주는 마법의 약으로 여겨서는 안 됩니다. 의식은 과거의 문을 닫아, 지난 상처가 우리를 괴롭히지 않도록 도와줍니다. 과거의 문을 제대로 닫아야 미래로 나아가는 문이 열리기 때문입니다.

4장에서는 사람들과 관계를 맺고 가꾸는 데 의식이 어떤 긍정적인 영향을 미치는지 알려 줍니다. 나아가 의식이 미래를 향해 나아가게 하는 소중한 도구임을 강조하며 우리가 할 수 있는 여러 의식을 소개합니다.

당신은
혼자가 아니다

　자리에 편안히 앉아 눈을 감으세요. 외부의 소음과 시선에 관심을 두지 말고, 온전히 자신에게 집중합니다. 지금부터 당신의 내면 깊은 곳에서 울리는 소리에 귀를 기울여 보세요.

　혹시 고요한 가운데 느껴지는 고통스러운 기억이 있나요? 오랜 시간 가슴 한편에 묵혀 두었던 상처가 떠오르진 않나요? 문득 자신의 부족함, 지금 앓고 있는 병, 신체적 한계나 신경의 예민함 같은 것들이 고통으로 다가올 수도 있습니다. 이 순간, 당신 안에서 느껴지는 모든 고통을 그대로 받아들이세요. 이 모든 것은 당신의 일부입니다. 고통을 피하려 하지 말고, 그 감정들을 고요히 통과하며 영혼의 깊은 곳에 이르세요. 그리고 이렇게 생각해 보세요.

　'영혼의 깊은 곳에서 나는 외롭고 상처받은 사람들과 하나가 된다.'

　당신이 이처럼 세상의 모든 고통받는 영혼들과 일치한다고 느낄 때, 당신이 겪는 고통은 새로운 의미를 지닙니다. 이 깨달음을 통해 당신은 더 이상 혼자가 아님을 알게 될 것입니다. 고통은 서로의 마음을 열고 연결해 주는 통로가 될 수 있습니다.

이제 당신은 현재의 고통을 넘어 고요한 영역으로, 변화와 부활을 향한 희망의 영역으로 나아가게 됩니다. 이곳에서는 모든 번뇌가 잠잠해지고, 새로운 생명의 에너지가 샘솟는 것을 느낄 수 있을 것입니다. 그리하여 당신은 자신을 둘러싼 세상과 자신의 내면이 어둡고 텅 비었다고 느끼는 이들에게 밝은 희망을 전해 줄 수 있게 됩니다.

당신의 뿌리를
발견하라

자리에 앉아 눈을 감고 내면을 깊이 들여다보면서 당신의 뿌리에 대해 생각해 보세요.

'부모님이 내게 물려주신 뿌리는 무엇일까? 나는 부모님에게서 어떤 태도, 어떤 확신과 행동 방식, 어떤 믿음의 뿌리를 발견하는가? 부모님의 표현 방식과 삶의 태도는 어떠한가? 친가와 외가의 조부모님은 어떤 분들이셨을까? 그분들은 우리 부모님에게 무엇을 남겨 주셨을까? 조상들의 역사에 어두운 면이 있다면, 그것은 무엇일까? 가족에게 계속 영향을 미치는 비밀이 있을까?'

당신 안에 깊이 내린 뿌리에 집중하세요. 그리고 당신을 지금까지 지탱해 준 그 뿌리에 감사하는 마음을 가지세요.

조상들에 대한 생각을 넘어 영혼의 깊은 곳에 이르세요. 그러면 당신의 가장 깊은 뿌리가 하느님 안에 있음을 깨닫게 됩니다. 조상들이 당신에게 물려준 것과는 관계없이, 당신 안에는 훼손되지 않은, 순수하고 투명한 신적 뿌리가 깃들어 있습니다. 이 신성한 뿌리와 온전히 닿아 보세요. 이어서 이 순수하고 완전한 뿌리에서 크고 탐스러운 열매가 맺히는 모습을 마음속으로 그려 보세요.

자녀가 아직 어리다면 그림으로 표현할 수도 있습니다. 당신은 아이들의 그림에서 가족에게 어려움을 주거나 해로운 것이 무엇인지 발견할 수도 있습니다. 그리고 이 그림을 함께 태웁니다.

마지막으로 함께 손을 잡고 기도를 바치는 것으로 이 의식을 마무리할 수 있습니다. 함께 봉헌한 기도가 가족 전체를 하나로 연결해 줍니다. 당신은 기도를 통해 가족 모두를 축복합니다.

사랑 감지하기

우리가 내면에서 사랑을 교류하는 곳이 바로 가슴입니다. 이곳에 사랑이 깃들어 있습니다. 두 손을 가슴 위에 올려 보세요. 그러면 가슴이 따뜻해지는 것을 느낄 수 있습니다. 그리고 당신 안에 있는 사랑을 감지하게 될 것입니다. 이 사랑 안으로 깊이 들어가 당신 자신을 충분히 느껴 보세요. 그런 다음 마음속으로 이렇게 말해 보세요.

"이 사랑은 나의 것이다. 사랑이 내 안에 흐르고 있다. 아무도 이 사랑을 빼앗을 수 없다. 그 무엇도 이 사랑을 파괴할 수 없다."

당신을 따뜻하게 하는 이 사랑을 마음껏 누리고, 그것에 감사의 마음을 가져 보세요. 사랑은 하느님께서 주신 선물입니다. 사랑은 당신을 내면의 가장 깊은 곳으로 이끌어 줍니다. 그곳에서 당신은 밝음과 따뜻함의 근원을 만나고 편안함을 느낍니다.

당신 안의 사랑에 비추어 당신 안에 계시는 하느님의 사랑을 깨달을 수 있습니다. 성경은 하느님께서 사랑이시라고 말합니다(1요한 4,8 참조). 당신이 자신 안에서 사랑을 느끼고, 동시에 그 사랑에 대한 깊은 갈망을 느낀다면 하느님의 끝없는 사랑과 마주하게 될 것입니다. 하느님의 사랑은 인간의 사랑처럼 쉽게 깨지거나, 상반된 감정이 뒤섞여 있지 않습니다. 인간의 사랑은 우리를 매혹하지만, 동시에 상처를 줄 수도 있습니다. 당신이 마음속에 품은 사랑 안에서 하느님의 사랑을 온전히 느낀다면 사랑에 대한 당신의 갈망은 이미 충족된 것입니다. 이제 당신은 하느님 안에 머물고, 하느님께서 당신 안에 계심을 깨닫게 될 것입니다.

나는 내 역할만 수행하는 존재 그 이상이다

자리에 앉아 이 순간, 외부의 시선과 기대는 잠시 내려놓고 오직 당신에게만 집중합니다. 당신이 직장과 가정, 혹은 주변 공동체(단체, 이웃, 친척 등)에서 수행하고 있는 특정한 역할 속으로 들어가 봅니다.

잠시 후 자리에서 일어나 방 안을 천천히 걸으며 당신의 역할에 대해 깊이 생각해 보세요. 어떤 책임이 어깨를 짓누르는지, 어떤 태도를 취하게 되는지, 그 역할이 당신에게 어떤 영향을 미치는지 살펴봅니다. 그런 다음 자기 자신을 객관적으로 바라보세요. 이 역할이 당신의 걸음걸이와 움직임과 몸짓에 어떤 영향을 주는지 세밀하게 살펴보세요. 어쩌면 평소와는 다른 긴장감이나 낯선 자세를 발견할 수도 있을 것입니다.

이제 다시 자리로 돌아와 앉습니다. 그리고 자신에게 단호하게 말해 보세요.

"나는 이 역할을 여기서 끝낸다. 이 순간, 나는 내 삶의 진정한 주인이다. 내 역할이 없어진다면 나는 실제로 누구인가? 이 모든 역할을 수행하는 내면의 나는 누구인가? 다른 사람들은 나를 어떻게 알고 있을까?"

이 질문들을 통해 역할 뒤에 가려진 당신의 참된 모습을 찾아 나서는 여정을 시작하게 됩니다. 이제 다시 방 안을 걷거나 밖으로 나가 탁 트인 곳을 산책하며 다음과 같이 생각해 보세요.

'나는 나의 주인이다. 나는 그 어떤 역할에도 갇히지 않는 자유로운 존재이며, 단지 내 역할만 수행하는 존재가 아니다. 나의 참된 자아는 훨씬 더 심오하다. 그것은 세상이 정의하는 모든 틀을 넘어선다. 나는 이 가면, 또는 저 가면을 자유롭게 쓸 수 있다. 나는 이 역할, 또는 저 역할을 능숙하게 수행할 수 있다. 그러나 나의 참된 자아는 그 모든 가면과 역할을 초월한, 무한하고 영원한 존재이다.'

이 깨달음을 통해 당신은 역할에 얽매이지 않는 진정한 자유와 내면의 평화를 경험하게 될 것입니다.

상처에 대처하기

만약 지금 어려움을 겪는 사람이 있다면, 잠시 눈을 감고 그들을 떠올려 보세요. 어쩌면 그 과정에서 상처받았던 당신 자신의 모습이 먼저 떠오를지도 모릅니다. 그 감정을 있는 그대로 마주하고, 누가 누구에게 상처를 주었는지 찬찬히 살펴봅니다. 그리고 예수님께서 하신 말씀으로 기도해 보세요.

"아버지, 저들을 용서해 주십시오.
저들은 자기들이 무슨 일을 하는지 모릅니다."(루카 23,34)

기도하다 보면 마음속에서 이런 소리가 들릴지도 모릅니다.
"그 사람은 자기가 무슨 짓을 했는지 정확히 알고 있어. 그 사람은 의도적으로 내게 상처를 준 거야."

만약 이런 목소리가 들리더라도 기도를 멈추지 마세요.

"아버지, 그 사람을 용서해 주십시오. 그 사람은 자기가 무슨 일을 하는지 모릅니다."

이 기도를 여러 번 되새기다 보면 당신의 마음속에 이런 생각이 들 수 있습니다.

'그래, 그 사람은 내게 상처를 주려고 했지만, 자신의 오래된 상처를 넘겨 준다는 것을 전혀 의식하지 못했을 거야. 그는 분노 때문에 이성을 잃었어. 자신의 상처 때문에 이성을 잃은 거야.'

이처럼 상대를 이해하는 마음이 생겼다면, 이제 그 사람을 위해 기도해 보세요. 이 기도가 당신과 그 사람 사이의 관계를 변화시킬 수 있습니다. 반드시 그를 용서해야 한다며 자신을 압박할 필요는 없습니다. 단지 하느님께서 그 사람을 용서해 주시기를 청하면 됩니다. 그렇게 기도하는 동안 당신은 점점 그를 다른 시선으로 바라보고, 온전히 놓아줄 수 있을 것입니다. 그는 더 이상 당신에게 어떤 부정적인 힘을 행사하지 못합니다.

당신은 이제 상처 주변을 맴돌지 않고, 내면의 평화를 누리게 될 것입니다. 당신은 예수님의 이 말씀이 자신을 평화로 이끄셨음을 분명히 알게 될 것입니다. 이 말씀은 지나친 요구가 아니라 당신의 영혼에 유익한 기도임을 깨닫게 될 것입니다.

또 다른 연습은 당신에게 상처 준 사람들을 축복하는 것입니다. 누군가가 우리를 험담하며 상처를 줄 때, 우리는 마음의 균형을 잃고 자신을 희생자로 여기게 됩니다. 그들은 우리에게 상처를 주었고, 그로 인해 우리를 희생자 역할로 내몰았습니다. 그러나 예수님께서는 이렇게 말씀하십니다.

"너희를 저주하는 자들에게 축복하며,
너희를 학대하는 자들을 위하여 기도하여라."(루카 6,28)

이때 자신에게 솔직하게 물어보세요.
"누가 나에게 상처를 주는가? 누가 나에 대해 험담을 하는가? 지금 나는 누구에게 부정적인 감정이 드는가?"

그런 다음 똑바로 서서 경건한 마음으로 사제가 두 팔을 들고 축복하는 자세를 취해 보세요. 그리고 하느님의 축복이 당신의 손바닥을 통해 상처 준 사람에게 힘차게 흘러간다고 상상합니다.

처음에는 저항감이 들 수도 있습니다. 그러나 꾸준히 하다 보면, 이런 의식이 당신에게 얼마나 큰 도움이 되는지 알게 될 것입니다. 실로, 축복은 당신을 지켜 주는 견고한 방패와 같습니다. 상대방은 더 이상 당신에게 상처를 줄 수 없고, 당신은 희생자의 역할에서 완전히 벗어나 더욱 적극적으로 활동하게 될 것입니다. 당신은 상대방에게 좋은 에너지를, 무엇보다 충만한 하느님의 축복을 보내는 것입니다.

이렇게 하느님의 축복이 상대방에게 온전히 흐르게 하면서 당신은 자신에게 상처 준 사람을 다른 시선으로 바라보게 될 것입니다. 더 이상 미움이나 원망의 시선이 아니라, 이해와 연민의 마음으로 말이지요.

하느님의 축복이 상대방에게 스며들어 그가 자기 자신과 조화를 이루는 모습을 상상해 보세요. 그런 가운데 상대방의 행동 또한 마음의 상처에서 비롯되었음을 분명히 알게 될 것입니다. 하느님의 축복이 그 사람 안으로 흘러 상처받은 마음을 치유한다면, 그는 더 이상 다른 사람들에게 상처를 주지 않을 것입니다.

당신은 그 사람에게 하느님의 축복과 평화를 기원합니다. 하느님의 축복이 그를 마치 따뜻한 '보호 망토'처럼 감싸 안아 줄 것입니다. 그리고 그 축복은 당신 자신도 든든히 보호해 줄 것입니다.

이처럼 모든 이에게 유익한 이 의식은 당신을 험담한 사람과의 만남 또한 훨씬 더 수월하게 만들어 줄 것입니다.

가족 간의 화해

모든 공동체에는 화해 의식이 필요합니다.

예전에는 수도원에 '쿨파culpa'(잘못, 과오, 탓, 죄라는 뜻을 지닌 라틴어. - 옮긴이)라는 의식이 있었습니다. 옳지 못한 태도로 공동체에 해를 끼쳤을 때, 공동체 앞에서 자신의 잘못을 고백하는 것입니다. 비록 지금은 이 의식이 형식적인 것이 되어 폐지되었지만, 많은 공동체에서 정화와 화해 의식이 필요하다고 이야기합니다. 그렇지 않으면 공동체를 소홀히 여기거나 자신의 삶만 영위하려는 경향이 강해지기 때문입니다.

가정에서도 화해 의식이 필요합니다. 자신도 모르게 주고받는 상처가 마음에 쌓여 가족 구성원들의 관계가 힘들어지지 않도록 하기 위해서입니다. 화해 의식을 하기에 좋은 시기는 대림 시기나 사순 시기의 어느 저녁 시간일 수 있습니다.

의미 있는 의식을 위해, 먼저 가족 구성원들을 화해의 자리에 초대하세요. 이 시간이 서로에게 얼마나 소중하고 필요한지 설명해 주고, 모두가 기꺼이 함께할 수 있도록 마음을 모으는 것이 중요합니다.

그리고 이 의식의 핵심이 될 성경 구절을 신중하게 선택하여 읽으세요. 가족의 상황과 분위기에 맞는 구절을 기도하는 마음으로 골라 봅니다. 예를 들면 로마서 12장 9-18절은 사랑과 겸손, 그리고 서로를 섬기는 마음의 중요성을 일깨워 줄 것이며, 콜로새서 3장 12-17절은 용서와 인내, 평화로운 관계에 대한 지혜를 전해 줄 것입니다.

이 구절을 잠시 묵상한 뒤에 각자가 감사한 일이나 지난 한 해 동안 했던 좋은 체험들을 나누어 보는 시간을 가지세요. 자신의 경험이나 시각에서 볼 때 잘 풀리지 않은 것도 자유롭게 이야기할 수 있습니다. 원한다면 가족에게 용서를 청할 수도 있습니다.

부모와 나

잠시 시간을 내어 부모님에 관해 생각해 보세요.

'나는 아버지와 어머니에게서 충분한 사랑과 돌봄을 받았는가? 그분들과 함께 어떤 시간을 보냈는가? 무엇에 감사하는가? 그분들로부터 무엇을 배웠으며, 어떤 삶의 지혜를 전해 받았는가? 두 분에게 물려받고 싶지 않은 것은 무엇인가?'

그리고 이렇게 말해 봅니다.

"아버지와 어머니께서 물려주신 것들에 감사합니다. 그러나 닮고 싶지 않거나 거리를 두어야 하는 것들은 두 분께 남겨 두겠습니다."

그런 다음 자신에게 이렇게 말하세요.

"부모님에게서 배운 것과 받은 것이 내 안에 있다. 내가 받은 이 선물을 가족에게, 그리고 내가 만나는 사람들에게 전해 주고 싶다."

아버지 모습과
어머니 모습 정화하기

당신 안에서 아버지와 어머니의 어떤 모습이 떠오르나요? 모든 것을 떠올려 보세요. 도움을 주는 모습뿐만 아니라 당신을 힘들게 하는 모습도 떠올려 보세요. 만약 부정적인 기억이 많이 떠오른다면 이렇게 생각해 보세요.

'아버지는 어떤 마음으로 당신의 삶을 마주하셨을까? 그분은 왜 스스로 그렇게 여기고 그렇게 행동하셨을까? 어떤 방법으로 삶의 어려움을 이겨 냈을까? 그리고 어머니는 당신 자신을 어떤 존재로 인식하셨을까? 어머니의 어린 시절은 어땠을까? 어떤 방식으로 당신의 삶을 이끌어 오셨을까?'

이번에는 부모님의 매력적인 모습을 떠올려 보세요. 당신이 부모님의 힘과 인생 경험, 그리고 신앙을 토대로 살아가기 위해서입니다. 당신은 부모님의 튼튼한 뿌리로부터 삶에 필요한 자양분을 얻습니다.

아버지와 어머니의 받아들이기 힘든 모습이 어떤 면에서는 당신의 마음을 아프게 할 수도 있습니다. 그렇지만 그 모습의 가장 깊은 이면을 바라보려고 애쓰세요. 겉으로 드러난 행동이나 말 뒤에 숨겨진 그분들만의 상처, 좌절, 그리고 삶의 무게를 헤아려 보는 것입니다. 그리고 부모님의 삶의 태도를 더욱 너른 마음으로 이해하려고 노력해 보세요. 그분들의 선택과 반응이 어디에서 비롯되었는지, 어떤 경험과 환경이 그 태도를 형성했는지 살펴보려는 노력이 필요합니다.

이는 받아들이기 힘든 부모님의 모습 이면에 있는 자신의 모습을 보는 데 도움을 줍니다. 부모님의 모습 속에 당신의 모습이 깃들어 있기 때문입니다.

그렇지만 당신은 이 세상에 하나뿐인, 유일한 사람입니다.

부모님이 주시는 메시지

부모님의 사진을 바라보세요. 어떤 표정을 짓게 되나요? 스스로 이렇게 물어보세요.

"부모님이 내게 주시는 메시지는 무엇일까? 나는 부모님에게서 무엇을 배웠는가? 나는 부모님에게서 어떤 능력을 물려받았는가?"

이어서 부모님을 모방하는 것이 아니라 이 능력과 특성을 어떻게 자신만의 방식으로 표현할 수 있을지 깊이 생각해 보세요. 그런 다음 다시 이렇게 물어봅니다.

"부모님의 삶의 방식 가운데 내가 이해할 수 없는 것은 무엇인가? 나는 무엇과 거리를 두려 하는가?"

이제 내면으로 들어가 다음 질문들을 깊이 생각해 보세요.

'나는 여전히 부모님의 인정과 칭찬을 기대하는가? 나는 아직도 부모님의 기준에 따라 행동하는가? 부모님의 기준은 나의 체험과 감정에 언제 부합하는가? 나는 부모님에게서 언제 벗어나고 싶은가? 나는 부모님의 기준과 언제 거리를 두어야 하는가?'

이제 부모님 생각을 멈추고 자신의 내면으로 들어가 자신을 바라보며 생각합니다.

'나는 누구인가? 나는 내가 살아온 삶과 조화를 이루는가? 하느님께서 지으신 단 하나뿐인 나는 어떤 모습인가?'

굳이 답을 찾으려 애쓸 필요는 없습니다. 그저 당신이 존재하고 있음을 되새깁니다. 당신의 삶과 존재에 대한 신비를 느껴 보세요. 그렇게 할 때 당신은 완전한 평화를 얻게 되고, 자기 자신과 조화를 이루게 될 것입니다.

부정적인 목소리와 마주하기

우리가 새로운 시도를 할 때, 내면에서 어떤 부정적인 목소리가 들릴 때가 있습니다.

"어차피 해낼 수 없어. 너는 결국 실패하고 말 거야. 왜 굳이 그런 걸 시도하려는 거야?"

이 목소리는 어린 시절, 우리를 있는 그대로 믿어 주지 않았던 부모님이나 선생님, 혹은 주변의 사람들에게서 반복적으로 들었던 말일 수 있습니다. 그들이 무의식적으로 던진 불신의 씨앗이 우리 내면에 뿌리내려, 우리가 새로운 도전을 하려 할 때마다 스스로 의심하고 주저하게 만드는 그림자처럼 다가오는 것이죠. 마치 마태오 복음 28장에 나오는 '예수님의 무덤을 지키던 경비병들'의 목소리와도 같습니다. 그들은 주님의 천사를 보고 두려움에 떨다가 까무러쳤지요.

부정적인 목소리에 대처하는 의식

이런 힘든 상황에 대처할 수 있는 의식을 제안합니다.

내면에서 부정적인 목소리가 들리더라도, 그것을 외부에서 들리는 소리로 받아들이세요. 그 목소리가 계속 들릴지라도 매번 단호하게 이렇게 말하세요.

"나는 너를 알고 있지만 네 말을 따르지는 않겠다. 나는 이제 너에게 휘둘리지 않고 내가 원하는 일을 할 것이다. 나는 더 이상 네가 조종할 수 있는 어린아이가 아니다."

이렇게 부정적인 목소리를 인지하고 거리를 둘 때, 그 목소리는 힘을 잃게 됩니다.

'경비병들'을 땅에 묻는 의식

힘든 상황에 대처하는 또 다른 방법은 특정한 의식을 통해 이 '경비병들'을 땅에 묻는 것입니다.

돌 하나를 주의 깊게 바라보며 묵상해 보세요. 그 돌은 무엇을 떠올리게 하나요? 어떤 무거운 짐이나 견디기 힘들고 마음을 짓누르는 목소리가 떠오르나요? 이제 그 돌을 땅에 묻으세요. 당신이 신뢰하는 사람 앞에서 의식적으로 그렇게 할 수 있습니다. 돌을 묻으면서 당신이 영원히 묻고 싶은 것을 말로 표현할 수도 있습니다.

돌을 던져 버리는 의식

돌을 몇 개 준비한 다음, 그 돌 하나하나에 아버지나 어머니 또는 다른 사람에게서 들었던 어떤 말들을 연결해 보세요. 그리고 그 돌들을 강이나 호수 같은 곳에 힘껏 던져 버리세요.

이는 그 목소리들이 당신에게 미치는 힘에서 어느 정도 벗어나게 해 줄 수 있습니다. 하지만 이것은 인내가 필요합니다. 그 목소리들은 다시 들릴 수 있습니다. 그럴 때마다 당신은 이미 그 돌을 땅에 묻었고, 물속 깊이 던져 버려 가라앉아 있음을 다시금 떠올리세요.

화내지 마라

다른 사람들의 어떤 모습에 화가 난다면, 그 모습들을 당신 자신을 비추는 거울로 삼아 보세요.

'나는 왜 그 사람의 태도에 화가 나는 걸까? 혹시 나에게도 그런 경향이 있는 것은 아닐까?'

다른 사람에게서 당신을 비추는 거울을 발견한다면, 그 순간을 놓치지 마세요. 그 거울을 통해 비치는 당신의 본모습과 그동안 억눌러 왔던 행동 방식, 깊은 내면의 욕구들을 하느님께 솔직하게 내보이세요. 그리고 하느님의 무한한 사랑이 바로 그 연약하고 감추고 싶었던 부분들 안으로 온전히 흘러갈 수 있도록 마음을 활짝 열어 보세요. 하느님의 사랑이 당신의 모든 면을 감싸안을 때, 진정한 치유와 통합이 시작됩니다.

만약 누군가의 태도가 당신 인내심의 한계를 넘어서게 하여 화가 난다면, 외부 상황에 휘둘리지 않고 당신의 내면에 굳건히 머물기 위해 애쓰세요. 물리적으로 그 사람 곁에 있어야 하더라도, 마음속으로는 그 사람과 건강한 거리를 두세요. 이러한 내적인 분리를 통해 당신은 그의 태도에 흥분하거나 감정적으로 흔들리지 않게 될 것입니다. 이는 당신의 평화를 지키는 동시에, 타인의 행동에 대한 당신의 반응을 스스로 통제할 수 있게 되는 지혜입니다.

나의 중심에
머물기

상대방과 대화를 나누다가 보면, 문득 자신의 중심에서 밀려나는 느낌이 들 때가 있습니다. 상대방이 공격적으로 나오면, 자신도 모르게 공격적으로 맞서거나 그를 주눅 들게 하기도 합니다. 똑같이 공격적으로 대함으로써 상대방에게 내 생각을 강요하는 것입니다. 이는 결국 분열로 이어집니다. 만약 이러한 분열을 피하고 싶다면, 이렇게 생각해 보세요.

'나는 지금 의자에 편안히 앉아 숨이 어떻게 들어오고 나가는지 관찰한다. 나는 오롯이 내 안에 있다. 지금 나는 나 자신과 조화를 이룬다. 나는 자유를 느낀다. 지금은 누구에게도 나 자신을 변호하거나 무언가를 증명할 필요가 없다. 지금 머릿속에 떠오르는 이 사람과 대화를 나누면 엇나갈 때가 많다. 감정이 앞서 자꾸만 나의 중심에서 멀어지기 때문이다.'

긴장을 풀고 오롯이 자신의 중심에 머무를 수 있다면, 상대방의 말에 다르게 반응할 수 있습니다. 절대로 흥분할 필요가 없습니다. 당신은 관계를 깨지 않고 결속하는 힘이 더 강해지도록 대화할 수 있습니다. 물론 당신이 다르게 대화하겠다고 결심한다고 해서 다 잘되는 것은 아닙니다. 대화는 한 사람의 의지만으로 이루어지는 일이 아니기 때문입니다. 그렇지만 미리 자신을 돌아보고 그 중심에 머문다면, 상대방이 다가올 때 그 중심으로부터 반응할 수 있게 됩니다. 그럴 때 두 사람의 대화는 이전보다 훨씬 더 잘 이루어질 것입니다.

결속을 위한
연습

상대하기 어렵거나, 공감하기 힘들고, 마음처럼 다가가기 어려운 사람이 있을 겁니다. 그럴 때 잠시 멈춰 서서 그 사람의 내면을 떠올리며 이렇게 생각해 보세요.

'이 사람을 움직이는 근원적인 힘은 무엇일까? 이 사람은 지금 어떤 고통을 겪고 있을까? 무엇이 이 사람을 지금의 모습으로 만들었을까? 이 사람의 내면은 과연 어떤 상태일까? 그리고 이 사람은 혼자 있을 때면 자기 자신을 어떻게 느낄까?'

이렇게 상대방을 이해하려고 노력하다 보면 선입견과 부정적인 감정이 사라질 것입니다. 당신은 그 사람의 참된 자아와 연결되기 위해 노력합니다. 그의 참된 자아는 당신 눈에 띄는 불쾌한 모습들과 거리가 있습니다.

그렇게 공감하는 마음으로 그를 위해 기도합니다. 물론 그 사람이 당장 마음에 들지는 않을 겁니다. 그러나 이전과는 다르게 그를 만날 수 있습니다. 적어도, 그 사람의 마음에 숨어 있는 좋은 씨앗이 점차 모습을 드러내기를, 그가 점점 더 자신과 조화를 이루기를 바라는 마음으로 말입니다.

당신은 이렇게 그와 한 걸음 더 가까워집니다. 당신은 그에게 깊이 공감하고, 동정하는 마음도 갖게 될 것입니다. 이제는 그 사람의 아픔과 상황을 이해하기 때문입니다. 이러한 정서적인 결속은 상대방뿐만 아니라 당신에게도 큰 도움이 됩니다. 그를 이해하고 받아들이는 과정에서 당신의 마음 또한 한층 더 넓어지고 평화로워지는 것을 경험하게 될 것입니다.

부부 관계
심화하기

의식은 우리가 평소에는 결코 표현할 수 없는 감정들을 터놓을 기회입니다. 또 사람들 사이의 관계를 심화합니다. 의식은 공동의 정체성을 형성하며, 이성과 의지보다는 감정의 영역에서 우리를 더욱 깊이 결속시킵니다. 이 점은 특히 '둘이 함께하는Zweisamkeit' 의식에서 더욱 두드러집니다. 어떤 부부는 아침에 일어나 입맞춤으로 하루를 시작하고, 밤에도 입맞춤으로 마무리합니다. 이 입맞춤은 부부의 친밀감을 더욱 깊게 해 주고, 때로는 두 사람의 진실한 사랑을 일상에서 구체적으로 드러내도록 이끕니다.

최근 심리학은 이러한 의식이 부부가 공동생활을 원만히 이어가는 데 얼마나 중요한 역할을 하는지 밝혀내고 있습니다.

삶의 주기에 따른 의식들이 있습니다. 졸업식이나 시험 합격을 축하하는 의식, 결혼식 등이 그러합니다. 또 교회 전례력에 따른 의식들도 있습니다. 특히 성탄절 의식이 대표적입니다. 부부는 각자 자란 가정에서 해 오던 방식대로 성탄절을 기념합니다. 이외에도 생일이나 결혼기념일, 두 사람이 처음 만난 날과 같은 특별한 날을 기념하는 의식도 있습니다. 부부는 결혼기념일이나 처음 만난 날을 떠올리면서 기쁨을 나누고, 관계의 근원을 되새깁니다. 일상생활에서도 의식은 중요한 역할을 합니다. 안케 비른바움은 이렇게 말합니다.

"모든 부부는 특별한 날을 위한 의식들, 평일을 위한 의식들, 이별 예식과 재회 예식을 만들어 낸다."

부부는 이러한 의식을 꾸준히 실천함으로써 서로의 존재를 더욱 깊이 각인하고, 견고한 유대감을 쌓아 갑니다. 이러한 의식들은 단순한 습관을 넘어, 두 사람만의 공동의 역사와 정서적 안정감을 형성하는 중요한 토대가 됩니다.

때로는 예상치 못한 당혹감이나 실망감이 찾아오기도 합니다. 예를 들어 남편이 아내의 생일을 잊었거나 결혼기념일에 꽃을 선물하지 않았을 때가 그러합니다. 의식은 관계 속에서 서로에 대한 변함없는 확신과 든든한 안정감, 그리고 깊이 보호받고 있다는 소중한 느낌을 부여합니다. 따라서 부부가 오랫동안 함께해 온 소중한 의식을 한쪽이 기억하지 못하거나 소홀히 다루면, 상대방은 마치 자신의 존재나 사랑이 무시당한 듯한 느낌을 받아 상처를 입을 수밖에 없습니다.

심리학자들에 따르면, 오늘날 많은 부부가 하루에 10분 이상 대화를 나누지 않는다고 합니다. 이러한 상황에서는 명상이나 성찰, 그리고 의미 있는 대화를 위한 의식들이 부부 관계에 매우 유익합니다. 많은 심리학자가 의식을 곁들인 부부 대화를 적극적으로 권장합니다. 이는 상대방의 감정과 욕구를 진정으로 받아들이고 서로의 생각을 더 깊이 나누기 위한 효과적인 방법이기 때문입니다.

부부 대화를 위해 발언용 돌Sprechstein(특정 모임에서 순서대로 이야기할 때 사용하는 작은 돌을 뜻함. - 옮긴이)을 준비하고 각자 마음을 움직인 것이 무엇인지 이야기 나눌 수 있습니다. 남편이 먼저 발언용 돌을 손에 쥐고 이야기를 시작합니다. 이때 아내는 말을 끊거나 끼어들어서는 안 됩니다. 이야기를 마친 남편이 탁자 위에 돌을 놓으면, 이번에는 아내가 그 돌을 쥐고 이야기를 시작합니다. 남편 또한 아내의 말을 중단하거나 바로잡으려고 해서는 안 됩니다. 아내가 말하는 동안 진심으로 귀 기울여 들어야 합니다. 이 과정을 통해 상대방에게 상처를 주지 않고 서로에게 더욱 진실하게 다가갈 수 있으며, 관계를 힘들게 하는 근본적인 원인이 무엇인지 명확하게 밝혀낼 수도 있습니다.

방해받지 않고
대화 나누기

 부부 관계를 더욱 깊고 풍요롭게 만드는 의식을 소개합니다.
 어느 평일 저녁, 바쁜 일과를 마친 후 집 안에서 가장 편안하고 아늑한 공간을 찾아 함께 앉으세요. 이때 중요한 것은 외부로부터의 방해, 특히 자녀나 디지털 기기로부터 완전히 벗어나 고요한 시간과 공간을 확보하는 것입니다. 이는 오직 두 사람에게만 집중할 수 있는 시간을 만들기 위함입니다.
 자리에 앉았다면, 대화의 시작을 알리는 의미로 테이블 중앙에 초를 놓고 불을 밝히세요. 잔잔하게 흔들리는 촛불은 공간을 부드러운 빛으로 채우고, 두 사람의 시선을 한곳으로 모아 대화에 집중하게 해줍니다. 원한다면, 따뜻한 차나 향긋한 포도주를 함께하며 마음을 열 준비를 해도 좋습니다.
 이제 각자의 마음을 움직이는 것이 무엇인지, 오늘 하루 혹은 최근

느꼈던 솔직한 감정들을 서로에게 이야기해 보세요. 이때 중요한 것은 판단하지 않고 경청하는 자세입니다. 이 시간 동안에는 단순히 일상적인 정보 교환을 넘어, 감정의 깊은 교류가 이루어질 수 있도록 노력해야 합니다.

서로의 감정을 나누는 것뿐만 아니라, 두 사람을 더욱 깊이 연결해 주는 가치들, 예를 들어 함께 지니고 싶은 삶의 갈망, 영적인 여정, 혹은 마음을 울렸던 특별한 체험에 대해서도 자유롭게 이야기하세요. 물론, 자녀 양육의 어려움이나 직장 생활의 고충, 혹은 연로한 부모님에 대한 걱정처럼 현실적인 문제들을 함께 나누는 것도 좋습니다. 중요한 것은 어떤 주제든 솔직하고 진실하게 공유하며 서로의 삶에 대한 이해를 넓히는 것입니다. 이처럼 모든 것을 터놓고 이야기할 때, 두 사람의 관계는 더욱 견고해질 것입니다.

감사를 표현하는 것으로 대화를 마무리하세요. 이 시간을 통해 서로에게서 받은 위로와 지지, 깨달음을 전하고 서로에게 진심으로 감사하세요.

내면의 힘을 키우는
둘만의 부부 의식

    부부는 둘이 함께하는 의식을 통해 삶의 무거운 짐이나 외부의 영향으로부터 보호받을 수 있습니다. 의식적으로 둘이 함께 보내는 시간을 마련해야 합니다. 그렇지 않으면 자녀가 삶의 중심이 되거나 외부의 부담스러운 요인들에 끌려가게 됩니다.

    의식은 스트레스로부터 부부를 지켜 줍니다. 또 둘이 함께 있는 공간을 마련해 주며, 서로에게 마음을 열고 긴밀히 연결된 감정들을 표현하게 해 줍니다.

    부부를 위한 의식은 다양합니다. 어떤 부부에게는 함께 산책하는 것이고, 다른 부부에게는 음악회에 가거나 연극을 보러 가는 것 또는 미술관을 찾는 것입니다.

    이런 의식도 추천합니다. 어느 저녁 시간이나 주중의 여유로운 시간에 함께 산책을 하세요. 처음 10분 정도는 말없이 걸으세요. 당신을 둘러싼 자연을 바라보며, 주변에서 들리는 소리에 귀 기울여 보세요. 숲이나 초원, 들판의 냄새를 맡아 보세요. 이어서 당신의 가장 큰 갈망은 무엇인지 내면의 소리에 귀 기울이세요. 그리고 함께 대화를 나누세요. 어떤 걱정이나 문제가 아니라 당신이 느낀 감정들을 이야기하세요. 물론 당신이 안고 있는 걱정과 두려움, 불안 등에 관해서도 이야기할 시간이 필요합니다. 그러나 지금은 가족이라는 틀에 갇힌 좁은 시야를 넘어, 내면 깊은 곳에서 움직이는 것에 주목합니다.

자연은 평가하지 않습니다. 자연은 당신을 받쳐 줍니다. 당신은 자연의 생명력을 나누어 받습니다. 당신은 자연 안에 있는 사랑에 동참합니다. 당신에게는 늘 함께 마시는 샘물이 필요합니다. 자연 속에서 당신은 하느님 사랑의 샘을 만납니다.

이 사랑은 세상 만물 안에 스며들어 있고, 당신 안에서도 흐르고 있습니다. 이 사랑의 샘은 마르지 않습니다. 왜냐하면 하느님에게서 오는 끝없는 사랑이기 때문입니다.

우정 가꾸기

우정에도 의식이 필요합니다. 정기적으로 친구와 통화하거나 이메일이나 문자 메시지를 보내는 것도 하나의 의식이 될 수 있습니다. 그보다 더 좋은 것은 이따금 밖으로 나가 친구와 함께 산이나 들을 걷는 것입니다.

우정은 가꾸어야 합니다. 그렇지 않으면 어느 순간 손가락 사이로 빠져나가듯 사라지고 맙니다. 물론 오랜 시간 만나지 않더라도 유지되는 우정이 있습니다. 그런 관계에서는 다시 만나기만 해도 좋은 감정이 즉시 되살아납니다. 그러나 통상적으로 우정에도 의식이 필요합니다. 함께 의식을 행하면서 서로에게 자극을 불어넣어 주고 마음을 움직이는 감정도 표현하게 됩니다.

저에게도 우정을 위한 중요한 의식이 있습니다. 바로 편지 쓰기입니다. 오늘날 핸드폰과 이메일이 보편화되었지만, 자리에 앉아 편지를 쓰는 것은 여전히 소중한 의식입니다. 편지 쓰기는 우정의 본질과 닿아 있습니다. 우리는 세계 문학에 등장하는 아름다운 편지들을 통해 우정의 깊은 의미를 알고 있습니다. 유감스럽게도 많은 이들이 편지 쓰는 것을 잊었지만, 우정을 가꾸어 가는 데는 편지가 꼭 필요합니다. 편지는 자신의 진솔한 마음을 친구에게 전달할 수 있는 훌륭한 매개체입니다. 라트비아 출신의 철학자 콘스탄틴 라우디브Konstantin Raudive는 이렇게 말했습니다.

"편지를 교환하지 않은 사람들은 서로를 알지 못한다."

철학자 에른스트 호르네퍼Ernst Horneffer에게 편지 쓰는 일은 일상의 축제와 같았습니다.

"편지 쓰기는 그대에게 축제일 것이다. 그대는 이 축제를 스스로 마련할 수 있다. 어느 현자는 이렇게 말했다. '축제 없는 삶은 휴식하지 않고 산이나 들에서 걷는 것과 같다.' 열심히 걷고 나서는 영혼의 쉼터로 들어가라. 그리고 거기서 편지를 써라."

당신 안에 있는 마음을 글로 표현해 보세요. 편지 쓰기는 우정을 지속해서 표현하는 일입니다. 16세기에 일본에서 선교 활동을 했던 프란치스코 하비에르는 절친한 친구인 로욜라의 이냐시오가 보낸 편지를 무릎을 꿇고 읽으면서 눈물을 흘렸다고 합니다. 두 사람은 죽기 전에 다시 만날 수 없었지만, 활기차게 편지를 주고받으며 깊은 우정을 이어 갔습니다.

적어도 일 년에 한 번은 시간을 내서 친구에게 편지를 써 보세요. 요즘 어떤 일을 하고 있는지, 최근에 어떤 체험을 했는지, 당신의 마음을 움직이는 것이 무엇인지 편지에 담아 봅니다. 편지를 쓰면서 당신의 생각과 감정을 더 명료하게 알아차릴 수 있습니다. 당신에게는 친구에게 집중할 시간, 무엇이 친구와 더 긴밀히 이어 주는지 돌아볼 시간이 필요합니다. 편지를 쓰는 것은 당신의 본모습과 만나게 해 줍니다. 당신을 움직이게 하는 것이 무엇인지 쓰세요. 그리고 친구에게 바라는 것이 무엇인지, 친구에 관해 알고 싶은 것도 함께 쓰세요.

이렇게 일 년에 한 번 친구에게 보내는 편지는 당신 자신과 내면의 상태를 아는 데, 그리고 당신이 지금 어느 방향으로 가고 있는지 확인하는 데 큰 도움이 됩니다.

식사 시간

식사 전에는 온 가족이 식사 전 기도를 바칩니다. 가족이 함께 식사 기도를 바치는 의식은 식사에 축제의 의미를 부여합니다. 단순히 배부르게 먹는 것은 중요하지 않습니다. 함께 식사한다는 것은 '배부르게 먹는 것'이 아니라 '잘 먹는 것'입니다.

고대 그리스인들은 함께하는 식사를 '심포지온Symposion(주연, 향연)'이라 불렀습니다. 그들은 식사할 때 함께 앉아 있는 것을 중요하게 여겼는데, 이는 신의 선물을 함께 누리고 서로를 하나로 연결하는 대화를 나누기 위해서였습니다.

그리스 철학자들은 함께 식사하면서 자신들의 생각을 펼쳐 나갔습니다. 독일어로 '식사Mahl'는 '때Mal'에서 유래했습니다. 이는 특정한 시점을 의미하는 단어로, 사람들은 이 시간에 함께 식사하기 위해 모였습니다. '때Mal'는 '의식Ritus'처럼 '절도 있음', '질서정연함'을 의미합니다. '절도Maß'와 '한가함Muße'도 같은 어근에서 나왔습니다. 사람들은 식사를 통해 여유를 느끼고, 다시 활기를 찾습니다. 라틴어 '메디타리Meditari(숙고하다, 묵상하다)'와 '메디쿠스Medicus(의사, 현명한 조언자)'도 이와 연관이 있습니다. '식사'라는 단어가 가진 의미처럼, 함께 식사하는 시간은 바쁜 일상에서도 우리에게 좋은 에너지와 편안함을 선물할 것입니다.

모든 종교에서 식사는 거룩한 의미를 지닙니다. 유다인들은 파스카 만찬을 기리고, 그리스도인은 최후의 만찬을 떠올리면서 미사 때마다 성찬례를 거행합니다. 베네딕토 성인은 수도승들의 공동 식사를 교회가 기리는 성찬례의 배경으로 이해했습니다.

'심포지온'이라는 개념은 가정에서 함께 식사할 때도 도움이 됩니다. 가족은 한자리에 모여 서로 마음을 나눕니다. 자녀는 부모와 함께 식사하면서 학교에서 일어났던 일이나 마음에 남은 일을 이야기합니다. 부모도 일하면서 겪은 일들을 나눕니다. 이러한 대화도 하나의 의식입니다. 저녁 식사 때 나누는 대화는 특히 자녀에게 초점을 맞추어, 아이들이 체험한 것들을 이야기하도록 하는 것이 좋습니다. 이를 통해 아이들은 자신을 알게 되고, 또 자신이 받아들여졌다고 느끼게 됩니다. 그리하여 식탁에서의 분위기가 완전히 달라질 것입니다.

식사 기도

식사 기도는 우리가 누리는 것들이 하느님의 은총임을 깨닫게 해 줍니다. 우리는 자신이 받은 것들에 감사합니다. 그리하여 그것들은 우리의 여정을 더욱 굳세고 건강하게 하며, 우리를 기쁨으로 채울 수 있습니다. 우리는 하느님께서 우리에게 일용할 양식을 주시고, 우리가 그분의 자비와 사랑 안에 머물 수 있게 해 주심에 감사드립니다. 식사 기도는 식사를 함께 시작하고 함께 마치게 합니다.

그런데 때로는 식사 기도가 갈등의 원인이 되기도 합니다. 자녀들이 식사 기도를 거부할 때가 있기 때문입니다. 이럴 때는 아이들이 왜 그렇게 느끼는지 깊이 살펴보는 것이 좋습니다.

'아이들은 무엇에 저항하고 있을까? 아이들은 식사 기도를 어떤 의미로 받아들이고 있을까? 단지 습관적인 행동으로 느끼는 걸까, 아니면 진정한 의미를 찾아내지 못하는 걸까?'

아이들이 식사 기도를 어려워한다면 새로운 방식으로 제안할 수도 있습니다. 어느 가정에서는 매주 다른 형태의 식사 기도를 바치기도 합니다. 이 의식은 틀에 박힌 것이 아닙니다. 예를 들어, 부모는 신앙생활에 관한 책을 사서 읽으며 그 내용으로 식사 기도를 대신합니다. 열여덟 살 된 아들은 식사 전에 잠시 침묵하기를 원합니다. 그 침묵이 오히려 가족 구성원들을 하나로 이어 줄 수 있습니다. 어린 자녀는 자신만의 방식으로 식사 기도를 준비합니다. 그리고 모두가 손을 잡고 "맛있게 드세요!"라고 말합니다.

이러한 의식은 가족에게 '우리Wir'라는 일체감을 깊게 심어 줍니다. 아이들은 이러한 의식을 제안하고 함께하면서 자신이 존중받고 있다고 느낍니다.

이렇게 각자의 방식으로 의식을 꾸릴 수 있습니다. 식사 기도를 함께하는 의식은 구성원들에게 가족이라는 정체성을 선사하고, 하나로 묶어 줍니다. 늘 같은 식사 기도를 바치거나 조상들이 바쳤던 기도를 이어서 바치는 경우도 많습니다. 이를 통해 가족은 조부모, 증조부모와 연결되어 있음을 느낍니다.

다양한 방식으로 드리는 식사 기도는 온 가족이 한 식탁에 모여 하느님의 은총을 누리고 하느님의 보호로 굳세고 건강해진다는 놀라운 신비에 참여하도록 이끌어 줍니다.

저는 혼자 식사할 때도 잠시 멈추어 지금 누리는 것들을 떠올리며 하느님께 감사를 드립니다. 이렇게 잠시 멈추는 것은 단순히 저 혼자만의 세계에 갇혀 있지 않다는 것을 느끼게 해 줍니다. 또 이런 메시지를 줍니다.

"하느님께서 나에게 주시는 것들은 은총이다."

불교 신자들도 식사할 때 자신이 받은 것들과 그 음식을 마련해 준 사람들에게 감사의 마음을 표현합니다.

우리가 먹는 과일, 채소, 고기에는 수많은 사람의 손길이 담겨 있습니다. 그들은 과일과 열매들이 자라도록 애를 썼고, 그것들을 수확하여 우리가 먹을 수 있도록 해 주었습니다. 이렇게 '감사'를 표현하는 의식을 연습하다 보면, 이 음식이 먼 곳에서 수고한 모든 사람과 우리를 연결해 준다는 것을 깨닫게 될 것입니다.

하나 되기,
공감하기

당신이 자신과 종종 비교하는 사람이 있는지 살펴보세요. 당신은 그에게 열등감을 느끼거나 질투하고 있을지도 모릅니다.

그 사람을 떠올리면서 이렇게 생각해 보세요.

'그는 나의 친구이다. 나는 그의 능력, 매력, 인기, 성공을 나누어 받는다. 나는 그와 하나가 되었다고 느낀다.'

그러면 비교하던 태도가 달라질 것입니다. 당신은 지금까지 늘 비교했던 그 사람과 하나가 되었음을 느끼며, 자신 안에서 새로운 능력도 발견하게 됩니다. 그가 가진 능력은 당신 안에도 있습니다. 그리고 당신은 그 모든 것에 감사하는 마음을 가질 수 있습니다.

다음으로는 당신보다 약하다고 생각하는 사람을 떠올려 보고 그 사람의 마음 안으로 들어가 보세요. 그리고 그와 하나가 되어, 그의 삶에 동참한다고 생각해 보세요. 그러면 비교하던 마음이 자연스레 공감으로 바뀔 것입니다.

이제 당신은 그 사람이 겪는 어려움과 고통을 느낄 수 있습니다. 그리고 자신을 그 사람 위에 두지 않고, 그의 상황과 감정에 공감할 수 있습니다.

누군가에게 시기심이 생긴다면, 그 감정도 바꾸어 보세요. 하느님께서 당신의 손안에 주신 것이 무엇인지, 하느님께서 당신에게 어떤 능력을 주셨는지 살펴보세요. 하느님께서는 당신에게 힘과 다정함, 창의성과 섬세함을 주셨습니다.

당신의 손이 모든 것을 만들어 냈다고 생각하세요. 그리고 당신의 손에 감사의 마음을 표현하세요. 당신의 손은 다른 사람의 손과 비교할 수 없습니다. 하느님께서 당신의 손을 통해 이미 이루신 일들, 그리고 그 손에 맡기신 모든 것에 감사를 드리세요.

판단하지 말기

만약 당신이 슈퍼마켓 계산대 앞이나 콘서트홀 창구 앞에서 줄을 서서 기다리거나 꽉 막힌 도로를 운전하고 있다면, 성급하게 화를 내거나 다른 사람들을 밀치며 앞으로 나가려 하지 마세요. 그런 생각조차 떠올리지 않는 것이 좋습니다.

대신 잠시 멈춰 서서 주변 사람들을 주의 깊게 관찰해 보세요. 당신 앞에 서 있는 여성이 지금 무슨 생각을 하고, 무엇을 느끼며, 어떤 상태인지, 또 무엇을 간절히 갈망하는지 상상해 보세요. 당신 뒤에 서 있는 남성도 같은 방법으로 관찰해 보세요. 그리고 마음속으로 이렇게 질문을 던져 보는 겁니다.

'저 사람을 움직이게 하는 것은 무엇일까? 왜 저렇게 안절부절못할까? 그는 어디로 가려는 걸까? 혹시 이 순간을 참고 기다릴 수 없는 걸까? 지금 그에게 도움이 될 만한 것은 무엇일까?'

그런 다음 그 사람들을 진심으로 축복하세요. 그들이 자기 자신과 온전히 조화를 이루기를, 그리고 내면의 깊은 평화를 찾기를 기도하세요. 하느님의 무한한 축복이 그들 안으로 부드럽게 흘러 그들의 불안과 초조함이 고요히 가라앉고, 채워지지 않던 불만족이 충만함으로 바뀌며, 억눌렸던 분노가 따뜻한 배려로 승화된다고 상상해 보세요. 그리고 이러한 하느님의 축복과 함께 당신이 품은 너그럽고 따뜻한 호의도 그들에게 아낌없이, 조건 없이 보내세요. 그들을 어떤 식으로든 판단하려 하지 마세요.

이제는 길게 줄을 서서 기다리는 지루함이나 꽉 막힌 도로 위에서의 짜증은 마법처럼 사라지고, 당신은 이 모든 사람과 연결되었다는 경이로운 느낌을 받게 될 것입니다. 이처럼 내면의 평화와 폭넓은 공감을 선물하는 이 의식은 당신의 일상을 더욱 풍요롭고 의미 있게 만들어 줄 매우 유익하고 강력한 힘을 지니고 있습니다.

생일
축하하기

누구나 생일을 기념하지만, 흔한 방식만으로는 온전히 만족하지 못하는 경우가 많습니다. 함께 식사하는 것이 관계를 돈독히 하는 좋은 기회임이 분명하지만, 단순히 맛있게 먹는 것만으로는 우리 삶의 깊은 신비를 충분히 표현하기 어렵습니다. 생일 의식을 통해 평소 표현하지 못한 감정들을 드러낼 수 있습니다.

만약 당신이 생일을 맞이했다면, 그날의 감정을 어떻게 표현할 수 있을지 생각해 보세요. 또 사랑하는 사람의 생일을 축하할 때도 어떤 의식을 행하면 좋을지 곰곰이 생각해 보세요.

저희 형제자매들은 어머니의 생신 때마다 모였습니다. 생일을 축하할 때 저는 수년간 짧은 인사말을 전했지만, 제 안에서는 만족스럽지 않다는 느낌이 들었습니다. 그래서 매년 조금씩 다른 의식을 해야겠다고 결심했습니다. 어느 해에는 형제자매들이 어머니에 관해 알고 있는 것, 즉 함께 나눈 삶의 순간들을 나누도록 제안했습니다. 또 다른 해에는 '그대는 축복받았네. 그대는 복이네'라는 노래를 함께 부르며 어머니의 머리에 각자 손을 살며시 얹었습니다. 이 의식에는 어머니를 향한 사랑이 담겨 있었고, 연로한 어머니와 우리 모두에게 좋은 기억으로 남았습니다.

이처럼 의식은 관계를 심화하고, 서로가 더 가까워지며 우리 삶의 신비를 기리는 소중한 기회가 됩니다. 물론 의식이 익숙하지 않거나 우스꽝스럽다고 여기는 가정도 있습니다. 이럴 경우에 적절한 의식을 찾기가 쉽지 않을 수 있습니다. 의식이 이미 깨져 버린 관계를 완전히 회복시킬 수는 없지만, 경직된 관계를 부드럽게 만들어 줄 수 있습니다. 억눌리거나 숨겨진 감정들을 다시금 드러나게 하는 힘도 의식에 있습니다. 이를 위해서는 먼저 심리적 압박에서 벗어나야 합니다. 그래야 사람들을 특정한 의식에 자유롭게 초대할 수 있습니다. 우리가 이 한계를 극복하고 마음을 모아 함께하면, 놀랍도록 깊은 친밀함과 결속이 생겨납니다. 그러니 당신의 아버지나 어머니의 생일을 축하할 때, 어떤 의식을 행할지 깊이 고민해 보세요.

생일 파티에 어떤 상징을 곁들이는 것도 좋습니다. 부모님을 표현하는 상징들로 초를 장식해 부모님께 건네 보세요. 초를 건네면서 장식이 의미하는 바를 설명하면 더 좋을 것입니다.

어떤 사람은 칠순 잔치에 온 손님들의 옷에 "인생은 아름답다."라는 문구가 적힌 배지를 달아 주었습니다. 이로써 그는 온갖 역경에도 불구하고 행복하게 살았다는 메시지를 전해 주었고, 초대받은 이들에게 삶을 긍정적으로 받아들일 마음을 불러일으켰습니다. 말로는 표현하지 못할 무언가를 드러내 보일 수 있는 창의적이고 긍정적인 상징들이 많습니다.

당신의 생일을 자축할 때는 어린 시절의 사진들을 꺼내 보세요. 그 사진들을 보면서 당신은 활력과 기쁨을 발견하고, 하느님께서 당신에게 주신 순수하고 천진난만한 모습도 발견하게 될 것입니다.

이렇게 당신은 본래 모습과 교류하며 내면 깊은 곳에 닿습니다. 그러면서 새롭게 태어났다고 느낍니다. 어린 시절의 사진들은 당신이 지금까지 살아온 시간에 감사하는 마음을 불러일으킬 것입니다.

5장

삶의 조화

일과 휴식의
균형 찾기

오로지 일에만 열중하다 보면 자신과의 내적 만남 없이 자신을 잃어버릴 위험에 처할 수 있습니다. 그런 순간에는 잠시 멈추고 내면을 돌아보는 것이 중요합니다. 독일어로 '멈추다Innehalten'라는 말은 무언가를 중단하고 시선을 내면으로 향한다는 의미입니다.

침묵 중에 자신의 내면을 바라보고 에너지를 그쪽으로 모아 봅니다. 이것은 내 마음을 충만하게 합니다. 내가 하는 일과 세상 만물 안에서 나의 영혼을 감지할 수 있습니다.

멈춘 가운데 우리는 '정지Halt'를 체험합니다. 운전 중 빨간 불이 들어오면 차를 멈춰야 합니다. 여기서 빨간 불은 '정지, 앞으로 나아가지 마시오.'를 의미하지만, 이는 나에게 든든한 지지대를 의미합니다. 멈춘 다음 다시 중심을 잡고 지금 하는 일에 전념할 수 있기 때문입니다. 일이 나를 압도할 때, 마음을 다잡고 다시 내면의 지지대로 향할 수 있습니다. 우리에게는 내면의 샘과 접촉하고 자신을 느끼기 위한 지지대가 필요합니다.

의식은 세속적인 것을 넘어 거룩한 시간을 만들어 줍니다. 따라서 우리는 일하면서 하느님의 신비를 체험할 수 있습니다. 일이 내게 요구하는 것들은 그것에 영향을 미칠 수 없습니다. 내가 일하는 중에 멈춤이 없다면 내면의 샘은 메말라 버릴 것입니다.

> 5장에서는 삶의 균형을 이루는 데 도움이 되는 의식들을 소개합니다. 이러한 의식을 통해 우리는 메마른 영혼의 샘을 다시 채우고, 세상 만물 안에서 하느님의 숨결을 느끼며, 우리 안에 성령의 힘을 불어넣는 방법을 배울 수 있습니다.

의식적으로 천천히

우리의 하루는 빠르게 흐릅니다. 그래서 천천히 할 수 있는 의식을 마련하는 게 좋습니다. 가장 좋은 것은 잠시 걸을 수 있는 짧은 길을 찾는 것입니다. 계단을 오르거나 우편함이나 정원으로 가는 길처럼 당신이 매일 걷는 길일 수 있습니다. 그러나 새로운 길을 정하거나 당신이 머무는 건물을 한 바퀴 돌아도 좋습니다.

이때는 당신 혼자 있는 것이 좋습니다. 아주 천천히 한 걸음 한 걸음 앞으로 나아가세요. 손으로 부드러운 바람을 느껴 보세요.

발걸음이 느리면 느릴수록, 오롯이 이 순간에 머무는 것이 무슨 뜻인지, 매 걸음이 의미하는 바는 무엇인지, 그리고 세상을 온전히 체험하는 것이 무엇을 의미하는지 경험하게 될 것입니다. 걷는 동안 외부의 소음과 복잡한 생각들에서 벗어나 오롯이 자기 자신 안에 존재함을 느끼게 됩니다. 이 순간에는 그 어떤 목표도, 성취해야 할 과제도 존재하지 않습니다. 무언가를 애써 이루려 하거나, 스스로에게 집중해야 한다는 강박에서도 완전히 벗어날 수 있습니다. 그저 한 걸음 한 걸음 내딛는 것에만 집중합니다. 세상의 속도에 맞춰 분주하게 움직이던 마음이 점차 가라앉고, 마치 잔잔한 호수처럼 평온해지는 것을 느끼게 될 것입니다. 그렇게 내면의 소음이 잦아들면서, 당신은 비로소 자신의 가장 깊은 마음에 이르는 경험을 하게 될 것입니다. 외부 세계의 혼돈 속에서도 흔들리지 않는 자신만의 중심을 찾고, 진정한 내면의 평화를 맛보는 시간, 그것이 바로 아주 천천히 걷는 의식이 우리에게 선사하는 선물입니다.

이것을 매일 반복한다면 내면에서 변화가 일어날 것입니다. 당신은 특정한 시간과 장소를 정해 천천히 걸어갈 수 있습니다. 그렇게 천천히 걸으면서 당신 삶의 속도가 느려진다는 것을 느끼게 될 것입니다. 그리고 당신이 새로운 일을 시작할 수 있는 힘을 얻게 될 겁니다.

내 손안에 놓여 있는 것

 두 손을 사발 모양으로 만들어 그 모습을 찬찬히 바라보세요. 하느님께서 당신의 손에 무엇을 주셨습니까? 생명을 소중히 여기는 마음, 진실을 비추는 투명함, 배려를 위한 섬세함, 새로운 것을 만들어 내는 창의성, 어려움을 이겨 낼 용기가 당신 손에 있습니까?

 당신 손에 있는 것들을 차분히 떠올려 보세요. 그리고 온전히 '오늘' 속으로 들어가 보세요. 오늘 하루, 당신에게 주어진 책임과 역할은 무엇입니까? 어떤 일들이 당신의 손길을 기다리고 있습니까? 당신이 붙잡고 싶고, 온 마음을 다해 만들어 가고 싶은 것은 무엇인가요? 이 질문들은 당신의 열망을 찾아내도록 이끌어 줍니다.

 이제 하느님께서 당신의 손을 축복해 주시기를 기도해 보세요. 이 기도를 통해 하느님의 축복이 당신의 손을 통해 흘러가, 당신 자신은 물론 만나는 이들과 도움을 주는 이들에게도 전해질 것입니다.

내 안의 목소리

의자에 편안히 앉아 눈을 감으세요. 외부의 소음과 시각적 자극에서 벗어나, 오롯이 당신 안에서 들려오는 소리에 귀 기울여 봅니다. 내면에서 어떤 목소리가 들립니까? 어쩌면 완벽을 요구하거나, 자신을 채찍질하는 익숙한 목소리일지도 모릅니다. 또 내면에 어떤 이미지가 나타나 당신을 괴롭히거나 과한 요구를 하는지도 살펴보세요. 그들은 당신의 불안이나 두려움이 투영된 모습일 수도 있습니다.

이러한 내면의 이미지들이 무엇인지 생각해 봅니다. 그들을 부정적인 존재로 여기기보다, 당신의 일부로 마주하며 대화를 나누세요. 그리고 그들에게 단호하지만 부드럽게 말하세요.

"그래, 그동안 너(내 안의 목소리)도 나름대로 도움이 될 때가 있었다. 어떤 때는 내가 나아갈 방향을 알려 주기도 했지. 하지만 이제는 너와 다른 길을 가려고 한다. 너의 방식이 나에게는 도움이 되지 않기 때문이다. 아마 앞으로도 어떤 순간마다 내 안에서 어떤 이야기를 하겠지. 하지만 이제는 네 말에 끌려가지 않을 것이다. 대신 나에게 진짜 힘이 되고 나를 응원해 주는 다른 생각이나 좋은 말들을 받아들일 것이다."

이제 다시 내면의 소리에 귀 기울이세요. 부정적인 것에 맞설 만한 긍정적이고 좋은 이미지들이 서서히 떠오르기 시작할 것입니다. 이는 희망과 치유의 메시지입니다.

만약 좋은 이미지나 말이 즉시 떠오르지 않는다면, 조급해하지 말고 더욱 깊이 생각해 보세요. 나에게 진정으로 도움이 될 만한 이미지는 무엇일까? 무엇이 현재의 부정적인 감정이나 생각을 대체할 수 있을까? 이 질문들을 통해 당신은 스스로에게 필요한 내면의 자원을 발견하게 될 것입니다. 당신의 내면은 무한한 가능성을 품고 있습니다.

거리를 두면서
스스로 지키기

직장과 같은 공동체 환경에서는 다른 사람들의 과도한 요구로부터 자신의 영역과 권리를 명확히 지키는 것이 중요합니다. 이러한 상황에 효과적으로 거리를 두고 자신을 보호하는 데 도움이 되는 의식이 있습니다. 이 의식은 긴장감 넘치는 회의를 앞두고 실행할 수도 있으며, 이를 통해 외부의 부정적인 영향들로부터 내면을 안전하게 지켜낼 수 있습니다.

먼저, 똑바로 선 자세에서 두 팔을 가슴 위로 교차시켜 보세요. 이는 물리적으로 '문을 닫는 행위'이자, 동시에 자신의 내면으로 타인의 침범을 허용하지 않겠다는 강력한 의지를 나타냅니다. 그 상태에서 다음과 같은 다짐을 마음속으로 되새깁니다.

'이 회의에서 만나는 사람들은 나의 내면으로 들어올 수 없다. 나는 마음을 열고 대화에 임하겠지만, 그들이 나의 가장 깊은 내면까지 들

어오게 허용하지는 않을 것이다.'

이 의식은 회의가 진행되는 중에도 필요할 때마다 떠올릴 수 있습니다. 다른 사람들이 알아채지 못하도록 손을 배 또는 가슴 위에 올리거나, 한 손으로 다른 손을 부드럽게 감싸 쥐는 것 또한 효과적입니다. 이런 미세한 동작은 당신의 무의식에 강력한 보호 메시지를 전합니다. 그와 같은 동작을 취하면서 동시에 이렇게 마음속으로 생각합니다.

'나는 지금 온전히 내 안에 있다. 누구도 나에게 부당한 힘을 행사할 수 없다. 다른 사람들은 나의 내면 깊은 곳으로 들어올 수 없다.'

이렇게 '보호를 위한 의식Schutzritual'은 긴장된 상황에서 내적으로 분열되거나 타인의 에너지에 쉽게 휩쓸리는 사람들이 겪는 부정적인 영향으로부터 자신을 효과적으로 지켜 줍니다.

중심에 이르기

 이 의식은 분주한 일상에서 할 수 있습니다. 도로에 차량 정체가 심할 때 자동차 안에서, 버스를 기다리면서, 혹은 집안일을 하면서도 할 수 있습니다.

 우선 잠시 모든 것을 멈추고 고요히 앉으세요. 그런 다음 나의 에너지가 머리와 가슴을 지나 영혼 가장 깊은 곳까지 천천히 이동한다고 생각해 보세요. 이는 우리의 에너지가 단순히 몸 안에 머무는 것을 넘어, 내면으로 들어가는 과정입니다.

 아랫배, 즉 단전에 생각을 집중합니다. 이곳은 우리의 숨이 머무는 곳이자 생명의 에너지가 응집된 곳입니다. 날숨과 들숨 사이의 지극히 짧은 순간에 주목하세요. 그 찰나의 순간에는 아무것도 일어나지 않는 절대적인 고요함만이 존재합니다. 이 순간 당신은 숨을 내쉬지도 않고 들이쉬지도 않습니다. 온전히 현재에 머무는 것입니다. 바로 이 날숨과 들숨 사이의 지극히 짧은 순간에 당신은 비로소 영혼의 깊은 곳, 당신의 진정한 중심에 이르게 됩니다.

그곳에 내면의 모든 것이 평화롭게 존재한다고 상상하세요. 세상 모든 소음과 요구로부터 완전히 벗어난 당신만의 안식처입니다. 이렇게 평온한 가운데, 외부에서 당신을 움직이는 모든 것들을 고요히 관찰하세요. 휴대전화 알림음, 직장 동료들의 요구, 회신을 기다리는 수많은 메일, 자녀의 끊임없는 질문들……. 이 모든 외부의 자극들이 당신의 중심을 흔들지 못하도록 바라보는 연습을 하는 것입니다.

그러고 나서 다시 멈추세요. 당신의 내면 중심으로부터 샘솟는 힘과 평온을 온전히 느끼세요. 당신은 새로운 힘을 얻어 이제 새로운 일상으로 향합니다. 예전과는 달리, 이제 당신은 그저 생각 없이 쳇바퀴 돌듯 생활하지 않습니다. 당신은 흔들림 없는 자신의 중심에 굳건히 서 있습니다. 삶의 진정한 주도권을 되찾고, 의미 있는 하루를 만들어 갈 준비가 된 것입니다.

잠시 멈추어
내면의 고요를 찾는 시간

일하다가 잠시 멈추고 자신의 상태를 살펴보세요.

'지금 내 상태는 어떤가? 위축되어 있는가 아니면 긴장하고 있는가? 그렇지 않으면 마음이 차분하고 편안한가?'

하던 일을 멈추면 자신이 위축되었음을 알 수 있을 뿐만 아니라 그것을 해결할 수도 있습니다. 흥분 상태를 가라앉힐 수 있고, 내면에서 끓어 오르는 감정을 진정시킬 수 있습니다. 멈추는 것은 이렇게 할 수 있습니다. 잠시 자신의 상태에 주목하고, 내면을 관찰합니다. 그리고 들이쉬고 내쉬는 숨에 집중합니다.

'숨이 고르고 규칙적인가? 아니면 마음이 불안하다고 느끼는가?'

내 몸에도 관심을 기울입니다.

'몸의 어느 부위가 긴장되어 있는가?'

이어서 내 마음을 인지합니다.

'지금 마음이 억눌려 있는가?'

그런 다음 숨을 크게 내쉬어 봅니다. 마음이 억눌렸다고 느끼면, 그 압박을 놓아 버릴 수 있습니다. 멈추는 것은 호흡을 지나고 마음을 지나, 그리고 몸을 지나서 내면의 고요한 공간으로 이끌어 줍니다.

이 고요한 공간으로 일은 들어올 수 없습니다. 이제 나는 일하면서 자유로움을 느낍니다. 이 자유로움은 내가 하는 일에 다른 기쁨을 선사합니다. 내가 하는 일은 억압과 과도한 요구로 다가오지 않습니다. 이제 나는 일하는 중에도 오롯이 내 안에 있습니다. 내 안에 있으면 외부의 압박을 느끼지 않게 됩니다. 나는 일에 전념합니다. 그러나 중요한 것은 일이 나를 지배하지 않는다는 것입니다. 일은 나와 내 영혼을 갈라놓을 수 없습니다. 사람들은 내가 하는 일에서 나를 느끼게 될 것입니다. 멈춤을 위한 방법은 나에게 유익한 것들을 내 영혼으로 전하는 것입니다.

우리는 일할 때 무의식적으로 부정적인 이미지를 품습니다. 어떤 사람들은 자신을 쳇바퀴 도는 다람쥐라고 느낍니다. 그들은 점점 더 큰 부담을 느끼고, 일이 자신을 점점 더 빨리 움직이게 하고, 자신은 발버둥 치지만 발 디딜 땅조차 없다고 생각합니다. 어느 여교사는 교실에서 수업하는 동안 자신을 조련사에 비유하기도 합니다. 이는 긴장을 일으키는 이미지입니다. 어느 사제는 더 이상 미사를 집전할 수 없었습니다. 자신이 공개적으로 비난받는 모습, 모두가 자신을 관찰하고 무슨 잘못을 저지르는지 주시하는 시선을 떨쳐 내지 못했기 때문입니다.

어떤 사람들은 억압, 통제라는 이미지를 품고 있습니다. 그들은 모든 것을 정해진 시간에 끝내야 한다거나 언제나 완벽하게 해야 한다는 압박을 받습니다. 이런 경우에는 잠시 멈추면서 다른 이미지를 그려 보는 것이 바람직합니다.

예수님께서 요한 복음에서 제시하시는 포도나무는 우리에게 도움이 되는 이미지 중 하나입니다. 우리는 포도나무에, 예수 그리스도께 연결되어 있습니다. 예수님께서 말씀하십니다.

"내 안에 머무르고
나도 그 안에 머무르는 사람은 많은 열매를 맺는다."(요한 15,5)

또 다른 이미지는 샘입니다. 내 영혼 깊은 곳에 성령의 샘이 있습니다. 잠시 멈추어 내 영혼 깊은 곳에서 성령이 솟구치는 샘을 떠올려 봅니다. 그 모습을 상상하면 마음이 가벼워질 것입니다.

또 다른 영적 이미지는 더 숭고한 일에 봉사하는 내 모습입니다. 나는 직장 상사의 다그침이나 빡빡한 일정에 억눌리지 않습니다. 나는 하느님께 봉사하기 위해 있습니다. 이는 내가 하는 일에 새로운 차원의 의미를 선사합니다. 나는 잠시 멈추어서 나를 병들게 하고 과도

하게 압박하는 이미지들을 의식합니다. 이어서 내게 유익한 이미지를 생각합니다. 이렇게 나에게 이로운 이미지들은 하느님께서 나에게 주신 본래의 내 모습과 교류하게 합니다. 그러면 내가 하는 일도 달라집니다.

이제 내가 하는 일이 낯설지 않습니다. 나를 나 자신과 멀어지게 하지도 않습니다. 이제 내가 하는 일은 나에게서 흘러나오는 그 무엇, 나의 중심에서 '혼이 불어넣어진' 그 무엇입니다.

지금 하는 일에 몰입하기, 오롯이 내 곁에 있기

단순한 일상을 떠올려 보세요. 그것은 다리미질이나 집 청소, 잔디 깎기일 수도 있습니다. 때로는 복잡한 일이 아닌, 아주 단순한 일에 깊이 몰입해 보세요. 그러고 나면 그 일들이 더 이상 귀찮고 번거로운 의무가 아니란 것을 깨닫게 됩니다. 오히려 이 단순한 일을 위해 기꺼이 시간과 정성을 쏟고 싶다는 마음이 들 것입니다.

내가 하는 단순한 일들은 상징이 됩니다. 예를 들어, 집을 청소하는 행위는 공간을 깨끗하게 만드는 것을 넘어, 내면을 정화하고 마음의 짐을 덜어 주는 상징이 됩니다. 잔디를 깎는 것은 내 삶의 불필요한 면이나 정리되지 않은 생각들을 잘라 내고 다듬는 것을 상징합니다. 지금 하는 일에 온전히 몰입하면, 외부의 방해로부터 자유로워지고 오롯이 내 곁에 머물게 됩니다.

이제 나는 평화를 누립니다. 나를 불안하게 하는 모든 것을 잊을 수 있습니다. 나는 자유를 느낍니다. 그리고 내가 하는 일은 내 삶에 활력을 불어넣어 주고, 동시에 영적 활동이 됩니다. 그렇게 영성이 삶으로 들어옵니다.

저는 《베네딕도 규칙서 *Regula Benedicti*》에 나와 있는 '재정 관리자는 수도원의 모든 기물을 제대 위에서 사용하는 성구聖具로 여기고 다뤄야 한다.'는 문장의 의미를 잘 알고 있습니다. 신중하게 행동함으로써 모든 것이 거룩해집니다. 그리고 단순한 일도 묵상의 주제가 됩니다. 이는 묵상하기 위해 앉아서 침묵하고 열매를 얻는 것과 같은 효과를 내는 것입니다.

멈추는 것은
유익하다

일하는 중간에 잠시 멈추는 것은 유익합니다. 누군가에게 무언가를 상의하러 갈 때, 빨리 가려고 한다면 마음이 급해지고 행동을 서두르게 됩니다. 속도를 늦추기 위해서는 천천히 걸어야 합니다.

우리에게 유익한 멈춤을 위한 의식은 다양합니다. 어떤 회의를 앞두고 모든 것을 잠시 멈춥니다. 그런 가운데 나 자신과 교류하려 애씁니다. 내가 중심을 잘 잡고 있으면, 상대방과 나누는 대화에 집중할 수 있습니다. 누구나 일하는 동안 자신에게 맞는 작은 의식을 행할 수 있습니다. 일하는 중에 숨을 들이쉬고 자기 자신을 다시 느끼는 것, 서두르라며 자신을 몰아대는 사람들 옆에 있더라도 치유하시고 사랑하시는 하느님께서 가까이 계심을 인지하는 것도 작은 의식입니다.

내담자와 대화를 나눈 뒤에 작은 의식을 행하는 심리치료사들을 알고 있습니다. 그들은 창문을 활짝 열고 그 앞에 섭니다. 신선한 공기를 마시면서 앞에서 나눈 대화 속에 들어 있던 모든 것을 날려 보냅니다. 또 다른 치료사들은 내담자를 위해 기도합니다. 이는 대화가 잘 진행되었는지, 그것이 내담자에게 실제로 도움이 되었는지 골똘히 생각하는 것에서 벗어나게 합니다. 그리하여 이전 내담자와 나눈 대화에서 벗어나 새로운 상담에 초점을 맞춥니다. 그들은 하느님의 축복과 함께 다음 내담자를 만납니다. 이는 그들에게 심적 부담을 덜어 줍니다. 동시에, 이 순간 가장 중요한 사람에게 마음을 열게 합니다.

의사들과 대화하면서 거듭 알게 되는 점이 있습니다. 대기실에 환자들이 많으면 대기 시간이 너무 길어지지 않도록 빨리 치료해야 한다는 부담을 느낀다는 것입니다. 이런 부담감은 의사들에게 큰 스트레스로 다가오고, 이는 심호흡을 하거나 숨을 돌릴 틈이 없다는 의미이기도 합니다. 하지만 이럴 때일수록 잠시 멈추어야 합니다. 이러한 짧은 휴식은 단순히 시간을 보내는 것이 아니라, 다음 환자를 위해 다시금 에너지를 충전하는 중요한 시간이 됩니다.

누군가에게는 점심 식사 후의 짧은 휴식이 재충전의 시간입니다. 잠깐의 멈춤은 활력을 줍니다. 어떤 의사에게는 환자와의 대화가 끝난 뒤 의식적으로 숨을 고르는 시간이 그렇습니다. 그는 이 짧은 시간에 자기 자신과 다시 만납니다. 이렇게 잠시 멈추는 행위는 과거의 환자와 현재의 자신을 분리하고, 그다음 환자에게 완전히 집중할 수 있게 합니다.

일상은
의식의 장이다

일상적인 일이 의식이 될 수 있습니다. 이번 달에는 짧은 구간을 걷는 데 집중해 보세요. 우편함을 향해 걸어가는 것, 사무실이나 화장실에 가는 동안 충분히 할 수 있습니다.

평소 우리는 걷는 것을 전혀 의식하지 않습니다. 될 수 있는 한 빨리 가려고 합니다. 그렇지만 이렇게 단순하게 걷는 일이 의식이 될 수도 있습니다. 의식적으로 천천히 걷는다면 말이지요.

천천히 걸으면 내 삶의 속도가 늦춰지고 내 안에서 무엇이 일어나는지 살펴볼 수 있습니다. 나는 내 존재의 본질을 인식합니다. 나는 늘 길 위에 있습니다. 그러나 그저 서 있을 수는 없습니다. 늘 나의 내면으로 향하는 길로 가야 합니다.

이렇게 걷는 행위는 나를 짓누르는 수많은 걱정에서 벗어나게 합니다. 발걸음을 옮길 때마다 정신을 흐리게 하는 잡념들과 엄습해 오는 불안감, 그리고 두려움이 조금씩 멀어지는 것을 느낍니다. 걷는 동안 오롯이 나에게 집중하며, 그동안 나를 옥죄던 생각의 사슬을 끊어 낼 수 있습니다.

단순히 걸어갑니다. 천천히 걷는 것, 걸으면서 오롯이 내 곁에 있는 시간을 즐깁니다. 나는 어떤 목표에 이르려고 걷는 게 아닙니다. 나 자신에게 이르기 위해서 걷는 것입니다. 그러나 이 걸음은 결국 하느님을 향합니다. 나는 늘 하느님을 향한 길 위에 있습니다. 그것을 의식하면 지금 내 주위를 맴돌고 있는 문제들은 상대적으로 작은 일이 됩니다.

피곤함을 허용하고
즐겨라

일하다가 지쳤거나 누군가와 긴 대화를 나누느라 에너지를 다 써 버렸다면 방으로 돌아와서 15분 정도 누워 보세요. 시간에 신경 쓰지 않도록 알람을 맞춰 둡니다. 그리고 눈을 감고 심장 부위에 손을 올립니다. 원한다면 누워서 '예수 기도'를 바칠 수도 있습니다. 숨을 들이쉬면서 "주 예수 그리스도님"이라 말하고, 숨을 내쉬면서는 "저에게 자비를 베푸소서."라고 말하세요. 피곤함의 무게를 느끼며, 이 무게를 기꺼이 즐기세요. 몸과 마음이 지친 자신에게 이렇게 말합니다.

"지금 나는 아무것도 할 필요가 없다. 아무것도 가져올 필요 없으니 이렇게 쉬어도 된다. 나는 단순히 침대 위에 있다. 그저 멍하니 이 순간을 보낼 수 있다. 자야 한다거나 편안해야 한다는 부담도 없다. 나는 단순히 침대에 누워 있다. 아무것도 하지 않고 그대로 있는 이 순간을 즐긴다."

나는 이 피곤함을 즐깁니다. 피곤함은 나에게 필요한 것을 얻도록 이끄는 매개체입니다. 나는 다른 사람들의 기대로 인한 부담에서 자유로워질 수 있습니다. 내가 하는 모든 일이 좋은 결과를 가져와야 한다는 부담에서도 벗어날 수 있습니다.

누워 있다는 것은 아무것도 가져올 필요가 없다는 뜻입니다. 단순히 침대에 누워 있기, 그것으로 충분합니다.

거룩한 공간

잠시 시간을 내어 성당에 들러 보세요. 당신이 즐겨 찾는 아늑한 성당이 있을 것입니다. 이 거룩한 공간에 들어서면, 먼저 외부의 소란스러움에서 벗어나 고요하게 머물러 보세요.

눈을 감거나 주위를 둘러보며 천천히 질문해 보세요.

'이 성당을 설계한 건축가는 무슨 생각을 했을까? 수많은 예술가는 성화나 성상에 어떤 의미를 표현하려 했을까?'

그러고 나서 이렇게 생각해 봅니다.

'수십 년 아니 수백 년 전부터 이 공간에서 수많은 사람이 간절히 기도했다. 여기서 그들은 자신이 안고 있는 문제들을 하느님께 이야기하고 위로와 도움을 받았다.'

이러한 묵상을 통해 당신은 시대를 초월하여 이 공간을 찾았던 사람들과 영적으로 연결되어 있음을 느낄 수 있습니다. 그리하여 당신

믿음의 깊은 뿌리와 만나며, 예전 사람들처럼 당신 또한 보호받고 있다는 굳건한 확신을 얻을 수 있습니다.

여기에 거룩한 공간이 있습니다. 세속적인 것들에서 벗어나 온전히 나 자신으로 머물 수 있는 곳입니다. 이곳에서 당신은 사랑과 자비, 아름다움에 둘러싸여 있음을 깨닫습니다. 이 아름답고 거룩한 공간에서 당신은 외부의 위협으로부터 보호받고 있으며, 마치 고향에 온 듯한 평온함과 편안함을 느낄 수 있습니다.

'시간'이라는 선물 체험하기

이제 조용히 자리에 앉아 온전히 시간에 집중해 봅니다. 점차 고요가 찾아와 당신을 부드럽게 감싸안을 것입니다. 당신의 마음이 평화로워지는 가운데, 외부의 시간 또한 당신을 위해 잠시 멈춘 듯 느껴집니다. 이 순간, 당신은 오롯이 현재에 머무는 충만한 경험을 하게 됩니다.

이제 호흡에 집중하세요. 숨을 들이쉬고 내쉴 때마다 시간은 끊임없이 흐르지만, 동시에 새로운 시간이 선물처럼 당신에게 다가오고 있음을 깨닫게 됩니다. 지나간 시간, 이미 당신이 사용한 시간은 흘러갔지만, 아직 사용하지 않은 새로운 시간이 당신을 향해 펼쳐지는 것입니다.

고요한 가운데 잠시 멈추어 내면을 살펴보세요. 이렇게 외부의 모든 것을 멈춰 세운 가운데 당신은 내면의 고요한 공간을 분명히 느끼게 될 것입니다. 거룩한 것은 세상에서 멀리 떨어진 것만이 아닙니다. 시간을 초월한 것들도 역시 거룩한 것입니다.

'멈춤'은 단순히 움직임을 멈추는 것을 넘어, 시간 건너편에 있는 초월적인 존재에 자신을 고정한다는 뜻입니다. 모든 시간을 초월하시고 당신에게 매 순간을 선물하시는 하느님께 자신을 온전히 맡기는 행위입니다. 이렇게 의식적으로 멈추는 동안 시간은 당신에게 값진 선물로 다가옵니다. 삶은 바로 '지금, 여기'를 온전히 살아가는 것입니다. 이 시간을 통해 당신은 하느님께서 주시는 무한한 사랑과 은총을 체험할 수 있습니다. 시간은 온전히 당신에게 속해 있으며, 모든 시간의 근원은 하느님이시기 때문입니다.

심리적 부담
내려놓기

단순하게 이렇게 생각하세요.

'나는 지금 아무것도 할 필요가 없다. 나는 그저 이 순간에 오롯이 머물러 있다. 이 순간은 나의 시간이다. 나는 이렇게 있다. 내가 다시 일하더라도, 그 순간에 오롯이 머물고자 애쓸 것이다. 내가 이끄는 대화에, 메일을 쓰는 것에, 통화에 집중할 것이다. 나는 심리적 부담을 느끼지 않고서 대화를 이끌고 메일을 쓰고 통화할 것이다. 오롯이 그 순간에 몰입할 것이다.'

늘 그렇게 시도해 보세요.

당신은 하나씩 차례로 일을 해 나가면 됩니다. 한 가지 일을 하면서 그다음 일을 생각하지 마세요. 이는 모든 것을 한 번에 끝내야 한다는 부담에서 벗어나게 합니다.

당신은 이 순간에 머물러 있습니다. 당신은 오롯이 순간에 머무는 연습을 자주 할 수 있습니다. 그러기 위해서는 특별한 시간이 필요하지 않습니다.

의식적으로 한 걸음 한 걸음 나아갑니다. 내가 사무실 문을 연다면, 지금 그것보다 더 중요한 건 아무것도 없습니다. 지금 내가 무엇을 하는지 인지합니다.

나는 사무실에 들어섭니다.
나는 의자에 앉습니다.
나는 서류를 손에 쥡니다.
나는 컴퓨터를 켭니다.
그런 다음 하나씩 차례로 일을 해 나갑니다.
이는 내가 모든 것을 느리게 한다는 뜻이 아닙니다. 서두르지 않도록 주의를 기울일 뿐입니다. 하나씩 차례로 일을 처리하면, 더 신속하고 효율적으로 해 나갈 수 있습니다.

문지방 의식

예전에는 이른바 '문지방 의식Schwellenritual'이 있었습니다. 이는 정화와 관련이 있습니다. 사람들은 바깥일을 마친 뒤에 집 안으로 그냥 들어오지 않았습니다. 현관 입구에 있는 작은 성수대에서 성수를 찍어 이마부터 시작해 가슴을 지나 왼쪽 어깨에서 오른쪽 어깨로 성호를 그었습니다. 이 동작은 다음과 같은 의미입니다.

'나는 일로 인해 흐려진 생각을 정화한다. 나는 화나 분노 같은 부정적인 감정에서 정화되어 생기를 되찾는다. 나는 억눌린 감정들이 가득한 무의식적인 영역까지 정화한다. 그리고 나의 행동을 정화하여, 더욱 투명하고 올바르게 처신한다.'

이 오래된 '문지방 의식'을 주의 깊게 실행하는 사람은 그것이 자신에게 얼마나 유익한지 곧 깨닫게 될 것입니다.

또 다른 '문지방 의식'은 오늘 하루를 지내면서 겪은 힘든 일에 맞서 내면의 경계를 긋는 것입니다. 우리는 의식적으로 집 안의 문지방을 넘으며, 집에 돌아온 것을 기뻐합니다. 그리고 집 안의 편안한 분위기를 감지하면서 이렇게 생각합니다.

'나는 이 집에 평화를 가져올 것이다. 이제부터 나는 우리 가족에게 온전히 집중하겠다.'

이 의식은 바깥세상에서의 피로와 긴장을 뒤로하고, 가정이라는 안식처에서 새로운 마음을 갖도록 돕는 효과적인 방법입니다. 예수님께서도 제자들에게 '문지방 의식'을 권유하셨습니다.

"어떤 집에 들어가거든
먼저 '이 집에 평화를 빕니다.' 하고 말하여라."(루카 10,5)

우리는 날마다 새로운 도전 앞에 놓이며 매 순간 크고 작은 '문지방'을 넘어야 합니다. 그 하루하루를 위한 의식을 제안합니다.

당신이 지금 넘는 문지방에 온전히 집중하세요. 집에서 밖으로 나가면서 넘는 문지방, 당신이 일하는 회사로 들어가면서 넘는 문지방, 물건을 사러 상점으로 들어가면서 넘는 문지방, 누군가의 집을 방문하여 넘는 문지방까지, 그 모든 물리적인 문지방들을 떠올려 봅니다. 그리고 그와 동시에 당신이 지금 그 앞에 서 있거나 방금 넘은 내면의 문지방도 떠올립니다. 삶의 단계마다 마주하는 중요한 변화의 문지방

들입니다. 아마도 그것은 중년에 들어서면서 넘는 문지방, 노년에 접어들면서 넘는 문지방, 병이 들어서 또는 건강해지기 위해서 넘는 문지방, 어쩌면 죽음을 맞이하여 넘게 되는 문지방이겠지요.

 이러한 삶의 모든 전환점을 겸허히 받아들이고 축복하세요. 그러면 당신이 그 문지방 저편에서 기대하는 모든 것이 당신에게 복이 될 것입니다. 당신은 문지방을 넘어서면서 스스로 복을 가져오는 존재가 될 것입니다.

6장

삶과 죽음의 신비

슬픔
이겨 내기

가족이나 친구, 혹은 가까운 사람이 세상을 떠나면 큰 슬픔이 밀려옵니다. 그리고 이 슬픔으로 정서적 혼란을 겪을 수 있습니다. 이때 의식은 우리가 느끼는 슬픔을 다른 형태로 바꾸어 줍니다. 우리가 어떤 행위를 함으로써 슬픔이 바뀔 수 있습니다. 의식은 고인에 대한 우리의 사랑을 표현할 뿐만 아니라, 우리가 느끼는 슬픔도 변화시킵니다. 사실 공적으로 거행되는 의식을 통해 승화되지 않는 죽음이란 거의 없습니다. 교회는 고인을 위해 장례 미사를 거행하고, 묘지에서도 엄숙한 예식을 거행합니다. 이 모든 의식은 슬픔을 표현하는 것에 그치지 않고, 슬픔을 변화시킵니다. 종교 심리학에서는 이를 과도기 의식이라 합니다. 여기서 말하는 과도기 의식에는 고인이 이 세상에서 천상 세계로 건너갔다는 것, 남아 있는 사람들은 고인과 작별했지만, 어떤 방식으로든 연결되어 있다는 믿음이 내포되어 있습니다.

의식은 상황마다 다르게 느껴질 것입니다. 연로한 부모님의 죽음, 배우자의 갑작스러운 상실, 형제자매나 자녀의 예기치 못한 죽음 등 각각의 상황에 따라 의식의 느낌과 분위기는 크게 달라질 것입니다. 사고로 인한 갑작스러운 죽음, 오랜 투병 끝의 죽음, 비극적인 사건으로 인한 죽음, 긴 고통 후의 죽음, 노인이나 젊은이의 죽음, 또는 삶에 만족하며 평화롭게 떠나간 죽음 등 각각 다른 상황에서 거행되는 의식은 서로 다른 의미를 지니기 때문입니다. 중요한 것은 의식을 통해 우리는 슬픔을 표현하고 동시에 그 슬픔이 치유된다는 사실입니다.

6장에서는 고인과 작별하는 우리에게 필요한 의식을 소개합니다. 이 의식들은 단지 슬픔을 표현하는 것을 넘어, 우리를 고인과 이어 주며 남은 가족의 마음을 치유하는 데 도움을 줍니다. 나아가 삶의 새로운 의미를 찾아 나아가는 길을 열어 줄 것입니다.

고인을 위해
기도하기

유럽에서는 가족이나 지인이 세상을 떠나면 그 자리에서 시편으로 기도하거나 묵주 기도를 바칩니다. 그렇게 기도를 바치며 고인과 함께합니다. 고인이 하느님을 만나고 그분의 사랑 안에서 편히 쉬기를 바라면서 말이지요. 유럽의 여러 지역에서는 장례식 이후 고인을 위해 묵주 기도를 바칩니다. 고인을 위한 기도는 사랑의 표현입니다.

장례식을 비롯해 고인이 사망한 직후 특정한 의식을 거행하는 것은 고인과의 작별을 받아들이는 것이지요. 생각만으로는 고인과 작별할 수 없기에 고별식을 거행하는 것입니다. 교회 묘지에서 거행하는 장례식도 그러한 고별식입니다. '제대로 작별하기' 위해서는 적절한 의식이 필요합니다.

고유한 리듬

의식에는 고유한 리듬이 있습니다. 시간이 흐름에 따라 슬픔을 표현하는 방식이 변화하는데, 이는 우리가 거행하는 의식에 고스란히 담겨 있습니다. 기도하면서 우리는 하느님 품으로 돌아간 고인을 기억하고 그와 연결되어 있다고 느낍니다. 우리는 하느님께서 언제나 우리와 함께하시며 축복해 주시도록 고인에게 도움을 청할 수도 있습니다. 독일에서는 고인이 사망한 지 6주가 되면, '6주 미사 Sechswochenamt'를 봉헌하며 애도의 첫 단계를 마무리합니다. 이는 고인을 우리 삶에서 지우는 것이 아니라, 오히려 우리 삶에 영원히 통합시키는 과정입니다. 의식은 이처럼 슬픔을 극복하고 고인을 마음속에 간직할 수 있게 합니다.

고별식

    의식은 고인에 대한 사랑을 더 구체적으로 표현하도록 이끕니다. 이는 단순히 정해진 절차를 넘어, 고인을 향한 우리의 마음을 깊이 들여다보게 합니다. 그러므로 우리는 가족을 잃고 슬픔에 빠진 이들이 각자의 고유한 방식으로 그 슬픔을 표현할 수 있도록 적극적으로 도와주어야 합니다. 슬픔은 지극히 개인적인 감정이기에, 어떤 방식으로든 충분히 애도할 수 있는 기회를 마련해 주는 것이 중요합니다.

    고인의 관을 어떻게 장식할지, 장례식을 어떻게 준비하고 치를지, 고인과 어떻게 작별할지 이야기하는 모든 과정에 그들의 슬픔이 표현될 수 있습니다. 남은 가족은 애도와 고별식을 통해 고인에게 합당한 예를 갖출 수 있습니다. 고인에 대한 사랑이 고별식에 깃들어 있기 때문에 이 의식을 정성껏 준비해야 합니다.

    저는 어머니가 돌아가신 뒤 장례 미사를 어떻게 거행하면 좋을지 형제자매들과 상의했습니다. 깊은 슬픔 속에서도 우리는 어머니를 가장 잘 기억할 수 있는 방법을 찾으려 노력했죠. 형제자매들은 어머니가 평소 즐겨 부르셨던 성가들을 하나둘 떠올렸습니다. 어머니는 집안일을 하시면서도 평일 미사 때 부르는 성가들을 흥얼거리곤 했습니다. 그 성가에 어머니의 신앙심과 일상의 모습이 고스란히 담겨 있는 듯했습니다.

장례 미사를 집전하면서 저는 이렇게 말했습니다.

"우리가 지금 부르는 이 성가에 어머니의 믿음이 담겨 있습니다. 어머니는 삶의 고통을 기쁘게 견디며 이 성가를 부르셨습니다. 저는 어머니가 지금 하늘에서 우리와 함께 이 성가를 부르신다고 믿습니다. 이제는 믿는 사람이 아닌 바라보는 사람으로서 말입니다."

우리 수도원에서는 특별한 고별 의식을 행하고 있습니다. 장례식을 치른 날 저녁, 모든 수사들이 한자리에 모여 고인의 삶을 되짚어 보는 시간을 갖는 것입니다. 이 자리에서는 원하는 수사 누구나 고인이 된 수사와 함께 겪었던 일들이나 그에 대한 개인적인 인상을 진솔하게 이야기합니다. 이러한 의식은 단순히 고인이 된 수사를 존중하고 그의 영면을 기원하는 것을 넘어, 공동체 전체에도 도움을 줍니다. 함께 기억을 공유하며 슬픔을 나누고, 고인의 삶에서 얻은 교훈을 되새기며 서로를 더욱 단단하게 묶어 주기 때문입니다.

또 다른 의식도 있습니다. 우리는 고인이 즐겨 앉았던 식당 자리에 30일간 촛불을 밝혀 둡니다. 그리고 이 기간, 낮 기도 때마다 그를 위해 기도하며 기억합니다. 연례 기념일의 저녁 식사 때에는 지금까지 수도원에서 세상을 떠난 수사들의 이름을 낭독합니다. 고인들의 이름을 들으면서 우리는 그들을 생각합니다. 수도원의 연대기에는 1100년부터 선종한 수사들의 이름이 적혀 있습니다. 그리하여 우리는 해마다 고인이 된 동료 수사들을 기억합니다. 그들은 우리의 기억 속에 살아 있습니다. 수도원 회랑 한곳에는 선종한 수사들의 사진과 글이 걸려 있습니다. 우리는 그것들을 바라보면서 고인들과 함께합니다. 고인들은 우리와 함께 있습니다. 그리고 우리는 그들에게서 물려받은 뿌리를 토대로 살아갑니다.

고인에게
편지 쓰기

우리는 슬픔에 잠긴 이들에게 특별한 의식을 권할 수 있습니다. 저는 슬픔을 극복하기 위한 프로그램을 열 때마다 참가자들에게 편지를 써 보라고 합니다. 사랑하는 이를 잃은 사람은 편지를 쓰면서 자신의 감정을 표현하고, 고인과 함께한 순간에 감사하며 용서를 청하기도 합니다. 또한 고인과 함께 사는 동안 하지 못했던 말들을 편지에 쓰기도 합니다.

그리고 20분쯤 뒤에는 고인이 보내는 편지도 써 보라고 합니다. 일부 참가자들은, 그것은 단지 자기 생각을 쓰는 거라고 생각합니다. 이때 저는 이렇게 말합니다.

"물론 당신이 편지를 쓰는 것입니다. 하지만 이 편지는 마음 깊은 곳에서 우러나오는 진심, 평소 일상에서는 차마 표현하기 어려웠던 말들을 하게 합니다. 종이 위에 당신의 솔직한 감정과 생각을 풀어놓는 과정 자체가 치유와 성찰의 시간이 됩니다."

이 프로그램에 참가한 어떤 여성은 6개월 전 어머니를 여의었습니다. 그녀는 어머니와 관계가 좋지 않았고, 늘 어머니에게서 상처받고 거부당한다고 느꼈습니다. 그런데 어머니가 자기에게 보내는 편지를 쓰면서 깜짝 놀랐습니다. 자신도 모르게 이렇게 쓴 것입니다.

"우리 사이가 그렇게 나빠진 것은 참으로 애석한 일이다. 하지만 그럼에도 불구하고 엄마가 너를 진심으로 사랑했다는 것을 꼭 알아주었으면 좋겠구나."

이렇게 쓰면서 그녀는 어머니를 이해하게 되었습니다. 어머니가 사랑을 표현하는 방법을 잘 알지 못했다고 여기게 된 것입니다.

눈물단지

자녀를 잃은 부모를 위한 영성 프로그램 첫 시간에 참가자들이 꼭 해야 할 과제가 있습니다. 아이가 언제, 어떻게 세상을 떠났는지, 그때 몇 살이었는지 등을 이야기하는 것이죠. 아이의 죽음을 이야기할 때마다 참가자들은 많은 눈물을 흘립니다. 그렇게 방 안은 슬픔에 젖어 듭니다.

참가자들의 이야기를 모두 들은 뒤에는 '눈물단지' 의식으로 이 시간을 마무리합니다. 저는 물이 담긴 단지를 높이 듭니다. 우리 모두 세상을 떠난 아이를 생각하면서 눈물을 흘렸고, 지금도 울고 있습니다. 이제는 흘린 눈물을 하느님께 보여 드립니다. 슬픔에 젖어 흘리는 눈물이 삶을 풍요롭게 하는 눈물로, 우리 안에서 새로운 것이 피어나게 하는 눈물로, 슬픔으로 인한 온갖 흐릿함에서 우리를 정화하고 세상을 떠난 아이에 대한 집착에서 벗어나게 하는 눈물로 변화시켜 주시기를 청하면서 말이죠.

    그렇게 저는 아무 말 없이 하느님께 나의 눈물을 보여 드리면서 그 눈물을 변화시켜 달라고 청합니다. 그리고 나서 '눈물단지'를 손에 들고 옆 사람 앞에 섭니다. 이어서 그것을 그에게 건넵니다. 그러면 그 사람 역시 소리 없이 '눈물단지'를 하느님께 보여 드린 다음, 다시 옆 사람에게 건넵니다.

    이렇게 모든 참가자가 하느님께 '눈물단지'를 내보여 드리고 나면, 이제 방 안의 분위기는 완전히 달라집니다. 무겁던 분위기는 평온하게 바뀌고, 모두가 큰 위로를 받았다고 느낍니다. 침묵 속에서 서로의 아픔을 공감하며 얻는 유대감은 어떤 말로도 표현할 수 없을 만큼 커다란 치유의 힘을 갖습니다.

자녀가
사망했을 때

직영 서점에서 일하던 직원의 아들이 자동차 사고로 갑자기 세상을 떠났습니다. 당시에 아들은 스무 살이었습니다.

장례식 전날 저녁, 그 직원은 저와 아들의 친구들을 초대했습니다. 아들에 관해 이야기 나누기 위해서였습니다. 친구들은 도미니크(아들 이름)에게 중요한 게 무엇이었는지, 그에 관해 무엇이 떠오르는지, 그는 어떤 삶을 원했는지 등을 이야기했습니다. 그리고 그의 아버지는 아들과 마지막 인사를 나누게 될 장례식이 잘 치러지기를 바랐습니다. 슬픔이 컸지만, 장례 미사 마침 성가로 도미니크가 좋아했던 '위대하신 하느님, 당신을 찬미합니다'를 부르고 싶어 했고, 우리는 도미니크의 영원한 안식을 기도하며 한마음으로 그 성가를 불렀습니다. 미사가 끝난 뒤에는 십자가를 만들어 사고가 났던 자리에 세워 두고 도미니크를 기억하기로 했습니다.

애도를 위한 작은 의식들

아이를 잃은 뒤 남은 가족이 늘 고유한 형태로 장례식을 치를 수 있는 것은 아닙니다. 고통에서 금방 벗어날 수 있는 것도 아닙니다. 하지만 어떤 가족들은 아이를 잃은 슬픔에서 벗어날 적절한 의식을 찾아냅니다. 우리 수도자들처럼 아이가 앉았던 식탁 자리에 30일간 초를 올려 두기도 합니다. 그리고 식사하는 동안 촛불을 밝히고 남은 자녀들과 함께 슬픔을 표현합니다. 예를 들어 무언가를 그리거나 만들어 세상을 떠난 아이의 관 속에 넣거나 무덤 앞에 두는 것입니다.

치유의 성찬례

어느 본당 사제에게서 가슴 아픈 사고 이야기를 들었습니다. 농장에서 일하던 아버지가 트랙터를 몰다가 네 살 된 어린 아들을 미처 보지 못해 사고로 잃게 된 것입니다. 어린 아들의 갑작스러운 죽음은 아버지에게 깊은 죄책감을 안겼고, 아내 또한 아무리 애써도 남편의 부주의를 비난하는 마음을 떨쳐 내지 못했습니다. 부부의 마음속에 자리 잡은 깊은 상처는 치유되기 어려운 듯 보였습니다.

하지만 본당 사제는 사고의 연례 기념일에 특별한 성찬례를 거행했습니다. 이 성찬례는 단순한 추모를 넘어, 그 가족이 그동안 억눌렀던 모든 비난과 죄책감을 하느님 앞에 내려놓을 수 있는 신성한 의식의 장이었습니다. 사제는 죽은 아들이 영원히 그들과 함께할 것이라는 희망의 메시지를 전해 주었습니다. 이 의식을 통해 그 가족은 아들을 기억하고, 아들이 여전히 가족 구성원으로서 살아 있는 존재임을 다시금 느낄 수 있었습니다.

아버지는 아이를 떠올릴 때마다 그림자처럼 따라오던 죄책감을 마침내 떨치게 되었습니다. 오히려 감사하는 마음을 지니고 아들을 생각하게 되었죠. 이제 아들은 부모에게 영원히 미소를 선물해 줄 존재로, 상실의 슬픔을 넘어선 사랑과 감사의 기억으로 남을 것입니다.

"내가 가서 너희를 위하여 자리를 마련하면,
다시 와서 너희를 데려다가
내가 있는 곳에 너희도 같이 있게 하겠다."(요한 14,3)

부모가 세상을 떠났을 때

'장례식 후의 식사Leichenschmaus'는 유럽에 널리 퍼져 있는 의식입니다. 술을 과하게 마셔 이 의식이 본래의 의미에서 변질된 일도 있었지만, 식사에 초대받은 이들이 고인에 관한 이야기를 자유롭게 나눈다면 이 의식은 매우 바람직하게 이어질 수 있습니다. 자녀는 돌아가신 부모님의 사진을 식탁 위에 두거나, 부모님에게 중요했거나 그분들을 잘 표현할 만한 상징물을 가져옵니다. 그리고 식사 전에 이에 대한 소중한 이야기들을 함께 나눕니다. 이처럼 고인의 흔적을 공유하는 시간을 통해, 돌아가신 아버지나 어머니는 특별한 방식으로 지금 이 공간에 함께 살아 숨 쉬는 듯 존재하게 됩니다.

부모의 묘를 정성껏 돌보는 것 또한 남은 가족이 행하는 중요한 의식에 속합니다. 그들은 주중에 한 번 묘지를 찾아 거기에 피어 있는 꽃에 물을 주고 잡초도 뽑습니다. 그러면서 돌아가신 부모님에 대한 변함없는 사랑과 그리움을 표현합니다. 이러한 꾸준한 보살핌은 고인과의 연결을 유지하고, 남은 가족의 애도 과정을 돕는 치유의 행위가 됩니다.

   한 여성이 저에게 이야기하기를, 그녀는 어머니가 돌아가신 뒤에 슬퍼할 수 없었다고 합니다. 마음에 깊은 상처와 쓸쓸함이 가득했기 때문입니다. 그렇지만 일 년 뒤, 어머니와의 관계를 돌아보고 진심으로 화해할 수 있는 방법을 찾고 싶었습니다. 그녀는 어머니의 묘를 완전히 새롭게 꾸미고 묘 앞에 촛불을 밝혔습니다. 이것은 어머니와 화해하기 위한 그녀만의 의식이었습니다. 그리고 이때부터 그녀의 마음 상태는 훨씬 나아졌습니다. 이제야 온전히 슬퍼할 수 있었고, 평화롭게 어머니를 보내 드릴 수 있었습니다. 동시에 어머니와 여전히 긴밀히 연결되어 있다고 느끼며 감사하는 마음 또한 갖게 되었습니다.

가족의 죽음을 경험한 아이들을 위한 의식

몇 해 전, 아이들을 대상으로 장례식에 관한 프로그램을 열었습니다. 당시에 오스트리아 카프룬Kaprun에서 큰 사고가 발생해 많은 아이가 목숨을 잃은 것이 이 프로그램을 개최하게 된 계기였습니다. 저는 교사들과 대화하거나 책을 읽으면서도 장례식이 아이들에게 얼마나 중요한지 알게 되었습니다.

아이들은 대개 슬픔에 압도당합니다. 그러나 의식에 참여할 때는 적극적으로 행동합니다. 고인의 모습을 그림으로 그리고, 고인에게 편지도 씁니다. 또는 초를 화려하게 장식합니다. 그런 다음 자신이 그린 그림이나 손으로 쓴 편지를 고인의 무덤 앞에 둡니다.

아이들은 무언가를 해야 합니다. 그래야 자신이 느끼는 슬픔을 바꿀 수 있습니다. 아이들은 생각이나 의지만으로는 슬픔을 이겨 낼 수 없습니다. 아이들 안에 어떤 감정이 고여 있는 것은 좋지 않습니다.

그러면 점점 소극적으로 변하거나 마음과는 다르게 행동하게 됩니다. 가령 고인의 무덤에 다가가지 못하고 멀찍이 떨어져 있거나 자신 안에 갇혀 있게 됩니다.

저희 아버지는 어느 토요일 저녁 식사 중에 갑자기 세상을 떠나셨습니다. 소식을 들은 남동생이 아이들을 데리고 집으로 왔습니다. 동생의 다섯 살 된 딸 요한나는 무서운 나머지 소리 내어 울었습니다. 그 아이는 할아버지와 사이가 좋았습니다. 다음 날(주일)에 요한나는 할머니에게 가서 이렇게 말했습니다.

"할머니, 저는 내일부터 할머니와 함께 성당에 가겠어요. 이제 할머니 옆에는 할아버지가 계시지 않으니까요."

할머니와 동행하면서 아이가 느낀 슬픔은 새로운 형태로 바뀌었습니다. 이는 아이뿐만 아니라 제 어머니에게도 기쁜 일이었습니다.

슬퍼하는 아이는 자신이 혼자라고 느낍니다. 이때 아이를 공동체와 연결해 주는 의식을 행할 수 있습니다. 아이는 공동체에서 새로운 역할을 얻고, 자신이 새로운 방식으로 존중받는다고 느낍니다. 장례식은 아이가 고인과 건강하게 작별하는 데 도움을 줄 수 있습니다. 아이들은 고인이 쓰던 물건을 만지며 고인을 떠올립니다. 그리고 고인을 내면의 동반자로 여깁니다. 의식은 아이가 슬픔과 고통을 승화하는 데 직접적인 도움을 줍니다. 아이가 장례식에 참여하게 되면 이 모든 것을 현실적으로 바라보게 될 것입니다.

장례식에 참석하기

아이들에게 도움이 될 만한 몇 가지 의식을 소개합니다.

부모처럼 가까운 사람의 장례식에 아이들이 참석해야 하느냐는 질문을 자주 받습니다. 아이들은 대개 장례식에서 멀리 떨어져 있으려 합니다. 그렇지만 그렇게 되면 고인과 작별할 기회를 놓치게 됩니다. 아이는 자유로이 장례식에 참석할 수 있어야 합니다. 만약 아이가 거부한다면 이 또한 진지하게 받아들여져야 합니다. 이것이 아이가 압도당한 슬픔으로부터 자신을 보호하는 것이니까요. 이런 경우에는 아이에게 장례식 때 바라는 것이 무엇인지 물어보는 게 좋습니다. 아이와 함께 장례식 진행에 관해 이야기할 수도 있습니다. 장례식을 설명해 주고, 장례식이 어떻게 준비되는지 말해 줄 수 있습니다. 장례식에는 아이가 의지할 수 있는 사람이 있어야 하고, 따뜻한 신체적 접촉도 필요합니다. 아이가 궁금한 것이 있으면 바로 대답해 주어야 합니다.

그것이 장례식에 방해가 된다고 생각하지 말아야 합니다.

평소에 아빠와 연날리기를 좋아했던 아이는 장례식 때 연을 가져와 아빠가 누워 있는 관 위에 올려놓았습니다. 이는 아이가 아빠와 작별하는 의식이었습니다. 이러한 고별식은 아이 마음에 부담을 덜어 줍니다. 고별식은 아이가 자신의 사랑을 표현할 수 있는 기회입니다.

장례식 때 아이가 자신만의 방식으로 작별하는 또 하나의 방법은 고인이 된 아빠나 엄마의 관을 색칠하는 것입니다. 또는 자신이 그린 그림을 가져와 무덤 안에 넣는 것입니다. 어느 유치원 아이들은 풍선 100개를 준비해서 4살이던 루카스의 장례식 때 하늘로 날려 보냈습니다. 리사는 돌아가신 할아버지에게 작별 편지를 쓴 다음, 그것을 작은 보자기에 싸서 할아버지의 관 속에 넣었습니다.

애도 기간에

고인의 묘를 찾는 것은 아이들이 슬픔을 승화하는 데 큰 도움이 됩니다. 무덤은 추억을 위한 중요한 장소입니다. 슬픔에 잠긴 사람에게는 그 슬픔을 표현할 수 있는 장소가 필요합니다. 아이가 자신의 방식으로 고인의 묘를 꾸미는 것, 그곳에 피어 있는 꽃을 가꾸는 것, 자신에게 중요한 물건들을 그곳으로 가져가는 것은 중요한 의식입니다. 아이들은 그 물건들로 고인을 떠올리기도 하고, 부활에 대한 자신의 믿음을 표현하기도 합니다. 부활을 묘사한 그림을 무덤 위에 올려놓을 수도 있습니다. 그러나 만약 아이가 그곳에 가려 하지 않으면 강요해서는 안 됩니다. 자신에게 닥친 이 힘든 현실을 감당할 수 없다고 표현하는 것이기 때문입니다.

아이들이 고인의 사진을 책상 위에 놓거나 고인의 모습을 그려 방에 걸게 하는 것도 도움이 됩니다. 아이들은 자신이 그린 그림을 예쁘게 장식하거나 액자에 넣을 수 있습니다.

촛불을 켜는 것은 슬픔과 관련해서도 좋은 의식입니다. 우리는 고인이 된 누군가를 위해 촛불을 켜고 그 사람을 위해 기도합니다. 그리고 초가 타는 동안 우리가 바치는 기도가 하늘에 이른다고 생각할 수도 있고, 초가 고인을 가리키는 상징이 될 수도 있습니다. 촛불은 이제 하늘에서 빛나며 지상에 있는 우리를 비춰 줍니다.

고인이 세상을 떠난 후 맞이하는 기념일을 어떻게 보낼지 가족이 함께 상의하는 것도 중요합니다. 가령 형제가 세상을 떠난 뒤 처음 맞이하는 성탄절, 부활절, 그리고 고인의 생일이나 영명 축일을 어떻게 맞이하면 좋을지 가족이 함께 생각해 볼 수 있습니다. 아이는 고인을 위해 성탄 선물을 준비하거나 무언가를 그릴 수 있습니다. 또는 초를 만들어 크리스마스트리 아래 놓고 불을 켤 수 있습니다. 이는 고인도 함께 성탄 축일을 지낸다는 것을 보여 주는 상징입니다. 고인에 관해 대화를 나누는 것은 남은 가족에게 이롭게 작용할 수 있습니다.

"그는 지금 하늘에서 이날을 어떻게 보내고 있을까? 우리에게 부족한 것은 무엇일까? 그는 성탄 축제를 지내기 위해 늘 무언가를 준비하지 않았던가? 그것이 그에게는 행복한 일이었을 것이다."

남은 가족은 고인에 대한 추억을 나눌 수 있습니다. 아이도 고인을 위해 시나 기도문을 써서 낭독할 수 있습니다. 고인의 생일이나 영명 축일을 맞이하여 아이가 꽃다발을 만들어 고인에게 바치는 것도 좋습니다. 걷거나 움직이는 것도 슬픔을 이겨 내는 좋은 방법입니다. 예를 들어 엄마가 세상을 떠났다면, 정원에 '엄마 나무'를 하나 정해서 돌보는 것도 슬픔을 이겨 내기 위한 좋은 의식일 겁니다. 나무는 고인에 대한 추억을 늘 생생하게 유지해 줄 것입니다. 아이들은 이 나무 아래서 노래를 부르거나 춤을 추거나 놀이를 할 수 있습니다. 또한 분노나 고통, 외로움도 표현할 수 있습니다. 아이들은 슬픔을 견디기 위한 장소를 가지고 있습니다. 고인의 기념일과 생일이 '나무 축제'가 될 수도 있습니다.

지난날을 추억하는 의식도 아이들에게 중요합니다. 아이들에게는 놀이가 추억하는 의식이 될 수 있습니다. 고인과 함께했던 놀이를 다른 가족이나 친구들과 함께하면서 고인과 만든 추억을 마음에 간직할 수 있습니다. 아이들은 죽은 형제의 장난감을 가지고 놀거나 돌아가신 할머니의 물건을 가지고 놀 수 있습니다. 아이들은 그 물건에 집중하면서 자신만의 고유한 놀이를 합니다. 아이들은 창의적입니다. 그리고 그들만의 방식으로 슬픔을 해소합니다. 놀면서 다른 사람과도 관계를 맺습니다. 아이들은 작별에서 오는 슬픔과 고통, 분노와 같은 감정을 놀이를 통해 이겨 냅니다. 그리고 결국 새로운 관계를 받아들이게 됩니다. 고인이 내면의 동반자가 되는 것입니다.

또 다른 방법은 고인이 생전에 했던 활동을 하는 것입니다. 이것 역시 내면화를 위한 방법입니다. 할머니가 그랬듯 아이도 꽃을 가꾸며 자신이 할머니와 같은 능력을 지녔음을 발견합니다. 아이는 할머니의 일부를 받아들이면서 할머니와 연결됩니다.

의식은 아이들에게 중요한 의미를 지닙니다. 의식을 통해 고통이나 죄책감에서 벗어날 수 있습니다. 아이들도 죄책감으로 힘들어합니다. 따라서 아이들에게도 마음의 짐을 내려놓는 의식이 필요합니다. 그래야 죄책감에서 벗어날 수 있습니다. 아이들이 고인에게 무언가를 선물한다면, 그리고 자신에게 소중한 무언가를 무덤 위에 올려놓는다면, 이런 것들도 마음의 짐을 내려놓는 데 도움이 됩니다. 이는 사랑의 표현입니다. 그리고 세상을 떠난 형제와 자주 싸웠다는 죄책감에서도 벗어나게 합니다.

추억은
관계를 형성한다

우리가 의식적으로 고인을 떠올리며 그들의 기념일을 기리는 것은 바람직합니다. 예를 들면 기일이 그러한 기념일이겠지요. 이날은 고인을 위해 미사를 봉헌하는 것이 좋습니다. 이때 고인이 하느님께 가기를 청할 필요가 없습니다. 그들은 이미 하느님 곁에 있다고 믿기 때문입니다. 성찬례는 우리를 고인과 연결해 줍니다. 예수님의 죽음과 부활을 기리는 가운데 하늘과 땅, 삶과 죽음의 경계가 허물어지니까요. 그리고 우리는 고인과 연결되었다고 느낄 수 있습니다.

'죽은 모든 이를 기억하는 위령의 날'(11월 2일)도 기념일입니다. 이날 우리는 교회 묘지에 가서 죽은 모든 이를 기억합니다. 고인의 가족에게 이는 아름다운 축제입니다. 묘지에 다녀온 뒤에 모두 함께 모여 고인에 대한 이야기를 나누고 함께 있음을 감사할 수 있습니다.

우리에게는 고인을 기억하는 아름다운 의식들이 있습니다. 고인의 기일에 촛불을 밝힙니다. 성탄절에는 초에 불을 밝혀 구유 옆에 둡니다. 이는 고인이 우리와 함께 (다른 방식으로) 성탄 축제를 지낸다는 것을 보여 주는 의식입니다. 고인은 지금 하늘에서 하느님 강생의 신비를 기립니다. 영광스럽게 되신 예수 그리스도의 얼굴을 바라보면서 말이지요. 지상에 있는 우리는 '바라보는 이'가 아닌 '믿는 이'로서 그것을 기립니다. 고인을 생각하고 바라보는 것은 삶과 죽음에 대한 우리의 인식을 깨우는 계기가 될 것입니다. 이 깨어난 인식을 통해 삶의 본질적인 의미와 경이로움을 새롭게 발견하게 될 것입니다.

아무것도
붙잡을 수 없다

슬픔이 당신을 덮칠 때는 이런 의식이 도움이 됩니다.

먼저 바깥에 있는 벤치에 앉으세요. 그런 다음 당신이 무엇을 관찰하는지 인지하세요. 우리는 바람 소리를 듣습니다. 우리는 태양이 내 피부를 비춰 주고 있음을 지각합니다. 우리는 이 순간을 의식합니다. 그러나 이 순간을 붙들 수 없다는 것은 의식하지 못합니다. 이 순간을 내려놓을 준비가 되어 있어야만 이 순간을 인지할 수 있습니다.

우리는 태양을 붙들 수 없습니다. 태양은 구름 뒤에 숨었다가 다시 모습을 드러냅니다. 바람은 매 순간 다르게 붑니다. 우리는 아무것도 붙잡을 수 없습니다.

작별하면서
살기

　방에 앉아 사방을 둘러보고 이렇게 생각하세요.
　'나는 언젠가 모든 것과 작별할 것이다. 죽음의 순간에 나는 이 방에 있는 것들을 가져갈 수 없다. 내가 떠나면 다른 사람들이 이 방에서 살 것이다. 이 방에서 나는 무엇을 하며 안정감을 느꼈던가? 나는 이 공간에서 무엇을 체험했는가? 무엇이 내 마음에 각인되었는가? 나는 여기서 어떤 사람이 되었는가? 지금 나는 어떤 사람인가?'
　당신이 모든 것을 견뎌 내는 모습을 그려 보세요. 당신은 참된 자아와 함께 하느님께 이르게 될 것입니다. 그리고 하느님 안에서 당신의 진짜 모습이 빛나게 될 것입니다. 하느님께서 원래 생각하셨던 대로 말이지요. 그러나 그 무엇에도 매이지 않는 것, 완전히 자유로운 것도 당신의 참된 모습입니다. 당신은 하느님께 속해 있습니다. 당신을 내적으로 구속하고 편협하게 하는 모든 것을 내려놓아야 하느님께

이를 수 있습니다.

이렇게 생각하는 가운데 내적 자유에 대한 무언가를, 그리고 자신에 대한 무언가를 지각할 수 있을 것입니다. 또한 작별하면서 산다는 것이 무엇인지, '지금, 여기'가 당신에게 무엇을 의미하는지 다시 한번 주의 깊게 인지하게 될 것입니다. 동시에 '지금, 여기'는 언젠가 사라지고 영원한 순간에 이른다는 것도 깨닫게 될 것입니다. 영원한 순간에 이르게 되면 '소유'는 더 이상 중요하지 않습니다. '존재'만이 중요합니다. 하느님 안에서 그리고 모든 사람 안에서 존재하는 것만이 중요합니다.

이제 당신은 하느님 안에서 모든 사람과 자신이 연결되어 있음을 압니다. 나는 내가 체험하는 것을 감사하는 마음으로 인지합니다. 그럼에도 모든 순간을 다시 내려놓습니다. 나는 내가 인지하는 것에 감사하지만, 그것을 붙들고 있지는 않습니다. 나는 언제든 내가 체험하는 것들과 작별할 준비가 되어 있습니다.

7장

**축복의
상징들**

삶을 이끄는
거룩한 표지

저는 영성 프로그램을 이끌 때마다 참가자들을 위해 성찬례를 거행합니다. 이때 그들에게 특별한 의미가 담긴 물건을 제대 위에 놓게 하고, 그 물건들을 축복합니다. 하느님께서는 물건을 통해서도 우리에게 말씀하신다는 것을 알려 주는 의식입니다. 예수님께서는 당신을 생명으로 이끄는 문이라고 말씀하십니다. 당신을 우리의 양식인 빵이라고도 하십니다. 축복받은 물건은 하느님께서 일상에서도 우리를 축복해 주신다는 것을 상기시킵니다.

우리는 힘든 순간에 마음의 위안을 찾곤 합니다. 초를 밝히거나 천사 모양의 성물을 보면서, 혹은 성물을 손에 쥐고 치유와 사랑의 하느님께서 곁에 계심을 느끼고 싶어 합니다. 이러한 행위는 막연한 불안감을 가라앉히고, 보이지 않는 힘에 대한 신뢰를 일깨워 줍니다.

그리스도인은 성수를 찍어 성호를 긋거나 성전에서 무릎을 꿇는 것과 같은 정해진 몸짓으로 하느님을 경외하고 더 가까워지고자 하는 마음을 표현합니다. 이러한 행동들은 단순한 움직임을 넘어, 하느님께 대한 믿음과 경외, 그리고 사랑을 드러내는 표현입니다. 이처럼 의미가 부여된 행동은 우리 영혼을 움직이는 의식이 됩니다.

7장에서는 오래전부터 이어져 온 그리스도인을 위한 의식들을 소개합니다. 그 의식들이 우리를 그리스도의 사랑과 신비 속으로 이끌어 줄 것입니다.

성수로 하는 의식

성당 입구에는 성수 항아리가 있습니다. 거기서 성수를 조금 담아 집 현관 입구에 마련된 작은 성수대를 채워 둘 수 있습니다.

외출하고 돌아와서 하는 성수 의식은 밖에서 겪은 분노와 갈등, 음울한 감정과 말을 정화하는 데 도움이 됩니다. 성당에 들어갈 때 성수를 찍어 성호를 긋는 몸짓의 본래 의미가 무엇인지도 생각해 볼 수 있습니다. 이 의식은 세례의 신비를 드러냅니다. 그리고 세례 때 얻은 은총을 되새겨 줍니다.

손가락으로 성수를 찍어 먼저 이마에 댑니다. 이로써 생각을 정화합니다. 생각을 흐리게 하는 모든 것을 씻어 냅니다.

다음에는 성수를 찍은 손가락을 아랫배에 댑니다. 이로써 나의 성적 욕구를 정화합니다. 이제 그것은 하느님께서 원하신 상태를 유지하게 될 것입니다.

끝으로, 성수를 찍은 손가락을 왼쪽 어깨와 오른쪽 어깨에 댑니다. 왼쪽은 무의식적인 것, 여성적인 것, 마음을 가리킵니다. 나는 무의식 속에 있는 이미지들을 정화합니다. 나는 내 마음이 온갖 쓸쓸함으로부터 정화되고 새로운 사랑이 그 안으로 흘러갈 수 있다고 믿습니다.

오른쪽은 의식적인 것, 남성적인 것, 행위를 가리킵니다. 바로 이 오른쪽이 정화되어야 합니다. 그래야 오른쪽이 삶을 지배하거나 삶에 강압적인 태도를 보이지 않게 할 수 있습니다. 또한 삶을 새롭게 시작하고 꾸릴 수 있습니다.

성수를 찍은 손가락으로 신중하게 성호를 그으면서 하느님께서 내 안에 새겨 주신 본래의 순수한 모습이 빛나고 있다고 상상합니다.

십자가 모양의
자세를 취하며

똑바로 서서 두 팔을 벌려 십자가 모양의 자세를 취해 보세요. 그 상태에서 예수님의 말씀을 읊조려 봅니다.

"나는 십자가에서 들어 올려져
모든 사람을 나에게 이끌어 들일 것이다."(요한 12,32 참조)

십자가 자세는 포옹하는 동작입니다. 십자가 위에 계신 예수님은 우리의 온갖 대립적인 면을 감싸안으시고, 당신의 사랑이 그 안으로 흘러가게 하십니다. 이 동작을 취하면서 당신이 온 세상을, 세상 안에 있는 모든 것을, 당신 안에 있는 모든 것을 감싸안는다고 상상하세요. 당신의 손가락은 눈에 보이는 것만 붙잡지 않습니다. 당신의 손가락이 '무한'으로 들어가 무언가를 붙잡는 모습을 그려 보세요.

세상에서 보는 대립적인 것들, 밝은 것과 어두운 것, 좋은 것과 나쁜 것, 유익한 것과 파괴적인 것, 성공한 것과 실패한 것, 빛과 그림자는 내 안에도 있습니다. 이 동작을 취한 가운데 십자가의 상징뿐만 아니라 예수님께서 매달려 계신 십자가를 당신 안으로 들여보내세요.

이제 당신은 '십자가'입니다. 당신은 내면에서 대립하는 것들과 일치를 이룹니다. 이 동작으로 드넓음, 자유, 개방, 사랑을 느낍니다. 그러나 수평으로 벌린 팔이 점점 저릴 것입니다. 대립적인 면을 견뎌 내기란 결코 쉬운 일이 아닙니다. 그러기 위해서는 예수님의 사랑과 당신의 사랑이 대립적인 것들로 들어가게 해야 합니다.

이렇게 당신은 십자가를 체험했습니다. 이제 당신은 치유하고 하나로 이어 주는 십자가의 힘과 십자가 위에 계신 예수님이 보여 주신 사랑을 깨닫게 됩니다.

"그분께서는 이 세상에서 사랑하신 당신의 사람들을
끝까지 사랑하셨다."(요한 13,1)

빵 쪼개기

동글납작한 빵을 손에 올려 두고 잠시 관찰하다가 신중하게 쪼개세요. 그래야 다른 사람들과 나누어 먹을 수 있습니다. 빵을 쪼개는 것은 당신 삶도 때로는 깨질 때가 있음을 상기시킵니다. 그러나 우리는 깨진 것을 이겨 내고 다시 시작할 수 있습니다.

빵을 천천히 꼭꼭 씹어서 맛을 느껴 보세요. 그리고 빵이 어떻게 만들어졌는지, 사람들이 곡물을 재배하고 수확하여, 가루로 만들어 빵을 굽기까지 얼마나 많은 수고를 했는지 생각해 보세요. 당신은 빵을 먹으면서 이 빵에 깃든 사랑에 동참합니다. 우리는 빵을 바라보며 성체성사를 떠올려 볼 수 있습니다. 그리고 당신의 몸을 기꺼이 내어 주시는 예수님의 사랑을 더 깊이 깨닫게 될 것입니다. 그분의 사랑은 우리 안에 스며들어 우리를 변화시킵니다.

성호 굿기

'성호 굿기'는 그 역사가 기원후 1세기까지 거슬러 올라가는 오래된 그리스도교 의식입니다. 마르틴 루터Martin Luther는 아침에 일어나면 성호부터 그으라고 신자들에게 권했습니다. 성호를 긋는 것은 십자가와 구원의 신비를 깨닫게 하는 구체적인 방법입니다.

성호 긋는 의식에 당신을 초대합니다. 한 번도 해 본 적 없는 듯 따라 해 보세요.

똑바로 서서 오른손을 이마에 대세요. 그 상태에서 십자가 위에서 온갖 악을 물리치신 예수님의 사랑이 당신의 생각 속으로 흘러온다고 상상하세요. 이어서 오른손을 아랫배에 대세요. 예수님의 사랑이 당신의 성적 욕구 속으로 흘러 그것을 변화시켜 주고자 합니다. 그다음에는 오른손을 왼쪽 어깨에 대세요. 왼쪽은 무의식적인 것을 가리킵니다. 예수님의 사랑이 당신의 무의식 깊은 곳으로 흘러 내면의 온갖 혼란스러운 것을 변화시킨다고 생각하세요. 당신이 두려워할 것은 아무것도 없습니다. 예수님의 사랑이 모든 것들, 무의식적인 것들에도 스며들었으니까요. 그런 다음 오른손을 오른쪽 어깨에 대세요. 그러면서 예수님의 사랑이 당신의 행동과 말에 흘러들게 하세요.

  이 의식으로 아침을 시작하면 평소와는 다른 하루를 보낼 수 있습니다. 예수님께서 당신을 보호해 주시고 인도해 주신다고 느낄 것입니다. 동시에 그분의 영과 사랑이 당신에게 스며들었다고 여기게 될 것입니다.

무릎 꿇기

하느님 앞에 똑바로 서서 발이 당신의 몸을 어떻게 지탱해 주는지 온전히 인지하세요. 이어서 당신 자신이 마치 하늘을 향해 우듬지를 힘껏 뻗은 나무처럼 서 있다고 상상해 봅니다. 이 자세는 하느님과 닿고 싶어 하는 당신의 영혼을 상징합니다.

그리고 나서 아주 천천히 무릎을 꿇으세요. 이때 당신 안에서 무엇이 달라지는지, 무릎을 꿇은 자신이 어떻게 느껴지는지 관찰하세요. 그 자세로 하느님 앞에 한동안 조용히 머무세요. 손을 사발 모양으로 만들어 하느님께 내보이세요. 자기 자신이나 다른 사람들을 돕고 싶다는 간절한 바람과 동시에 실제로는 그러지 못하는 자신의 무력함을 솔직히 느껴 봅니다. 하느님께서 그 모든 것을 사랑으로 채워 주시도록 겸손히 청하세요.

다음에는 두 손을 모으고 머리를 깊숙이 숙이면서 절하세요. 이것은 흠숭의 자세입니다. 이때 이렇게 생각해 보세요.

'나는 나 자신을 잊는다.

지금 나는 오직 하느님 앞에 있을 뿐이다.

온 세상을 창조하신 하느님 앞에 내가 무릎 꿇고 있다.

지금은 아무것도 할 필요가 없다.

억지로 기도할 필요도 없다.

나는 그저 하느님 앞에 겸손히 무릎 꿇고 있을 뿐이다.'

이러한 완전한 내어맡김 속에서 당신은 평화와 안식을 경험하게 될 것입니다. 그리고 나면 당신이 오롯이 이 순간에 존재하고 있으며, 외부의 모든 속박으로부터 완전히 자유롭다고 느끼게 될 것입니다. 당신은 그저 이곳에 존재합니다. 아무것도 할 필요가 없습니다. 그렇게 단순히 존재하는 가운데, 온전히 내면의 평화와 안식을 누리게 됩니다.

하느님 흠숭하기

바닥에 얼굴을 묻고 '엎드리는prostratio' 자세는 우리에게 모든 것을 내어 주시는 하느님께 드리는 흠숭의 표현입니다. 이 자세를 취해 보세요. 당신의 방이나 초원으로 나가 바닥에 엎드리세요. 그리고 두 손을 포개어 이마에 대세요. 그 상태에서 이렇게 생각하세요.

'나는 하느님 앞에 엎드려 있다. 하느님은 한없이 위대하시고 자비하신 분이다. 이 동작은 하느님과 하나가 되겠다는 갈망의 표현이다.'

이 동작은 당신의 마음을 평온하게 만들어 줍니다. 당신은 숨을 내쉬면서 온갖 걱정과 근심을 바닥에 내려놓습니다. 떠오르는 많은 생각도 그냥 흘러가게 합니다. 이 동작은 흠숭의 동작일 뿐만 아니라, 이 자리에 단순하게 머물기 위한 동작이기도 합니다.

기도하는 자세

지금부터 카타콤catacomb에 묘사되어 있는 동작을 취해 봅니다. 하늘을 향해 활짝 열려 있는 모습처럼 똑바로 서서 두 손을 위로 올려 보세요. 초대 교회는 이 자세를 '기도하는orante 자세'라 일컬었습니다. 라틴어 '오라레orare'는 '기도하다'를 의미합니다.

이 자세를 취하면서 하늘이 당신 위에서 열린다고, 머릿속에 떠오르는 사람들에게 당신이 하늘을 열어 준다고 상상해 봅니다. 아침에 이 의식을 행하면서 당신이 오늘 만나는 사람들에게 하늘이 열리고, 그들의 삶이 더 넓고 자유로워진다고 생각합니다.

이 의식은 자연 속에서, 정원에 혼자 있을 때 행할 수도 있습니다. 이 자세를 취하며 하늘의 드넓음을 떠올리세요. 하느님께서는 당신을 안아 주시고 사랑으로 채워 주십니다. 이제 당신에게 스며든 하느님의 사랑이 당신의 주변 사람들에게로 흘러갑니다.

왕좌에 앉기

우리는 일상생활 속에서도 의식적으로 오래 앉아 있는 연습을 할 수 있습니다. 그리고 이처럼 '앉아 있음'과 '흔들리지 않음'을 연결할 수 있습니다. 특히 우리가 성당과 같은 거룩한 공간에 앉아 있다면, '앉아 있음의 신비'에 더욱 가까이 다가갈 수 있습니다. 고요하게 앉아 있음으로써 우리는 외부의 소란에서 벗어나 내적 평화를 찾게 됩니다. 예수님께서는 우리가 당신과 함께 왕좌에 앉아 있게 될 것이라고 약속하셨습니다.

성당이나 야외 벤치에 앉으세요. 당신이 왕좌에 앉아 있는 것처럼 바른 자세로 앉으세요. 그런 가운데 당신의 존엄함과 자유에 대해 무언가를 인지하게 될 것입니다.

지금 당신은 왕처럼 어좌에 앉아 있습니다. 당신은 자신의 욕구나 다른 사람들의 기대에 억눌리지 않습니다. 당신은 자유롭습니다. 그리고 자신의 내적 존엄성을 인지합니다. 이 동작으로 우리는 예수님이 왕이시며 누구도 흉내 낼 수 없는 위엄을 지니셨음을 알게 됩니다.

똑바로 앉아 있는 이 순간에 잠시 머물러 보세요. 이 자세를 취함으로써 그 누구도 침해할 수 없는 존엄성을 지닌 왕, 완전한 자유를 누리는 사람의 의미를 깊이 음미해 보세요. 주변의 시끄러운 소음과 복잡한 생각들은 잠시 제쳐 두고, 오롯이 당신의 내면에 깃든 고요함에 온전히 집중해 보세요. 지금 이 순간, 당신은 그 어떤 외부의 속박이나 시선에도 흔들리지 않는 온전한 자신이 됩니다. 이 고요한 순간에 당신은 마치 왕좌에 앉은 군주처럼 당당하며, 모든 구속에서 해방된 자유로운 영혼처럼 가볍습니다.

이 자세는 당신 내면에 숨겨진 힘을 일깨워 줍니다. 짧은 멈춤의 시간이 당신을 더 깊은 자기 인식과 충만한 자유로 인도할 것입니다.

당신의 반지

손가락에 낀 반지를 잠시 관찰해 보세요. 이 작은 원형의 고리가 얼마나 많은 의미를 담고 있는지 생각해 봅니다. 둥근 모양의 반지는 내면의 모난 면들을 부드럽게 만들어 주는 듯합니다. 반지는 깨지기 쉽고 흩어지기 쉬운 요소들을 하나로 모아들이는 강력한 상징입니다. 또 시작과 끝이 없으므로 무한함과 영원함을 상징합니다. 오래전부터 사람들은 커다란 원을 이룬 공간 안에서 외적인 위험과 악령으로부터 보호받는다고 여겼습니다. 이러한 믿음은 원이 가진 안정감과 완전성에서 비롯된 것입니다.

이제 당신 손가락의 반지가 당신 삶을 위협하려는 것들로부터 당신을 보호해 준다고 상상해 보세요. 당신의 내면 가장 깊은 곳 또한 시작과 끝이 없는 원과 같습니다. 그곳에서 당신은 시간의 제약을 받지 않는 영원하고 변치 않는 무언가를 발견할 수 있습니다.

천사 형상
손에 쥐기

혼자라고 느낄 때, 또는 어려운 상황에서 갈 길을 잃은 기분이 들 때는 작은 천사 형상을 손에 쥐고, 하느님께서 이 천사를 내게 보내 주셨다고 생각해 보세요. 이 작은 조각품은 수호의 존재이며, 내 영혼에 넣어 주신 치유의 상징입니다. 만약 당신이 아프다면, 하느님께서 주시는 치유의 힘이 당신에게 흘러 아픈 곳을 낫게 해 준다고 상상해 보세요. 이는 단순한 바람이 아니라 내면의 회복 과정입니다.

당신 안에서 두려운 마음이 커질 때도 이 천사의 보살핌을 받고 있다고 생각해 봅니다. 이런 마음은 상황을 객관적으로 바라보게 하여 두려움의 크기를 상대적으로 작게 만들어 줍니다. 당신은 두려움에 내몰리는 존재가 아닙니다. 당신에게는 기댈 수 있고, 어떤 상황에서도 당신을 지탱해 주는 천사가 함께합니다.

축복받은
목걸이, 메달, 열쇠

사제에게 축복받은 목걸이나 메달 또는 열쇠는 하느님께서 나를 보호해 주시고 늘 함께하심을 기억하게 합니다. 그분께서는 메달을 통해 당신에게 무언가 말씀하십니다. 그리고 당신 안에서 모습을 드러내시고, 부정적인 감정들에서 벗어나게 해 줍니다. 하느님께서 당신을 다정하게 바라보시는 모습을 그려 보세요.

당신이 가진 열쇠를 바라보세요. 열쇠는 문을 열게 할 뿐만 아니라 하느님께서 당신 집을 지켜 주시고 보호해 주신다는 것, 운전할 때 함께해 주시고 목적지에 무사히 도착할 수 있게 도와주신다는 것을 떠올리게 합니다. 열쇠는 당신의 마음이 열려 있다는 것, 그런 가운데 사랑을 느낀다는 것도 깨닫게 합니다.

당신이 사람들의 마음을 열 수 있기를, 그래서 그들이 아직 깨어나지 못한 생명과 접촉하도록 하느님께 청해 보세요.

8장

신앙생활의 리듬

전례력에 따라 사는 신앙인의 삶

교회는 계절의 리듬에 맞춘 전례력에 따라 삽니다. 전례력의 주요 축일들은 이교도들이 지내던 축제에 그리스도교적 의미를 부여하여 새롭게 태어난 날들로 구원 사건과 밀접하게 연관되어 있습니다.

고대 로마인은 한 해의 가장 어두운 날 '무적의 태양신sol invictus' 축제를 지냈고, 그리스도인은 성탄절을 지냈습니다. 우리의 태양이신 그리스도께서 어둠을 몰아내신다는 것을 고백하기 위해서였습니다. 봄에는 부활 축제를 지내며 생명이 죽음을 물리쳤음을 기뻐합니다. 여름에는 성 요한 세례자 탄생 대축일(6월 24일)을 지내며 그리스도께로 시선을 돌리게 합니다. 요한 세례자는 그리스도께서 커지셔야 하고 자신은 작아져야 한다고 고백합니다(요한 3,30 참조). 가을에는 추수 감사절(독일에서는 보통 포도 수확 후 10월 첫째 주일에 지냄. 이날 다양한 곡물과 과일, 꽃 등을 제단에 봉헌함. - 옮긴이)을 지냅니다.

교회가 지내는 축일들은 개인을 비롯해 가족이 행하는 의식을 통해 더 풍요로워질 수 있습니다. 초대 교회 사람들은 전례력의 축일들을 개인적 삶의 영역에서도 기념하려고 했습니다. 이교도들의 옛 풍습에서 유래했지만 그리스도교적인 의미로 거듭난 관습들이 널리 퍼졌습니다.

8장에서는 전례력에 따라 한 해를 살아가는 그리스도인에게 도움이 될 만한 몇 가지 의식을 제안합니다. 축복이 가득한 한 해를 보내면서 우리의 상처가 치유되고 예수 그리스도께서 베푸신 구원의 의미도 깨닫게 될 것입니다.

대림환
강복하기

대림 시기에 많은 가정에서 행하는 의식은 보편적으로 알려져 있지만, 가끔 이 시기를 어떻게 뜻깊게 보낼 수 있을지 당혹스러워하는 사람들도 있습니다.

대림 시기는 침묵의 시기입니다. 이 시기에 우리는 여러 갈망을 품습니다. 사랑과 안전, 예수 그리스도의 다시 오심에 대한 것들이지요. 우리는 그분이 오심으로써 삶의 심오함과 새로운 확신을 얻습니다.

그러나 어떤 사람들은 이 시기를 분주하게 보내고 싶지 않다고 합니다. 또 어릴 적에 했던 오래된 의식들에 거부감을 느끼기도 하지요. 그들은 자녀나 배우자가 그 의식들을 거부하거나 심지어 우스꽝스럽게 만들까 걱정하기도 합니다.

이런 경우에는 대림 시기를 어떻게 보내면 좋을지 가족과 상의해 보세요. 가족들이 원하는 방향이 무엇인지 마음을 열고 이야기해 봅니다. 의식을 주제로 나누는 대화는 건강한 가족 관계에 관한 대화로 바뀔 것입니다.

"우리는 무엇을 기념하는가?

대림과 성탄이 주는 메시지가 무엇일까?

그것을 어떻게 마음에 간직할 수 있을까?"

가족과 함께 대림환을 만드는 것으로 대림 시기를 시작하세요. 그러면서 대림환이 어떤 의미를 지니는지 자연스럽게 이야기 나누어 보는 것도 좋을 것입니다.

대림 첫째 주를 맞아 대림환 초에 불을 밝히기 전에 대림환을 축복하세요. 축복의 기도에 대림환의 의미를 표현할 수도 있습니다. 대림환은 승리의 화관을 떠올리며, 아기 예수님을 기다리게 합니다. 예수님께서 우리 집에 들어와 우리 마음을 두드리신다면 이 시기가 훨씬 더 풍요롭게 느껴질 것입니다. 또 하느님께서 우리 안에서 이미 깨졌거나 깨지기 쉬운 것들을 다시 온전하게 해 주시리라는 희망의 상징입니다. 그뿐 아니라 새해에도 우리 삶이 행복하리라는 희망을 갖게 합니다. 그리고 우리는 자신의 모난 면들을 하느님께서 둥글게 해 주시기를 청합니다. 대림환은 그 자리에 둘러앉은 사람들을 연결해 줍니다. 그러므로 가족이 하나 되어 단결하리라는 소망도 표현합니다.

첫 번째 초에 불을 켜고 이렇게 기도하세요.

"예수 그리스도님,

이 대림 시기에 당신의 빛이 저희 안으로 들어오게 하시고,

저희 삶의 모든 영역을 당신의 빛으로 밝혀 주소서.

또한 저희 마음과 저희 집에 깃들어 있는

온갖 어둠을 몰아내시고

저희 집을 사랑으로 채워 주소서."

온 가족이 매 주일 전례에 따른 성경 말씀을 봉독하고 그 말씀을 마음에 새깁니다. 대림 시기에 읽게 되는 예언서는 하느님께서 우리 삶을 바꾸어 주시고 새롭게 해 주시리라는 희망을 전해 줍니다. 그리고 대림 성가를 함께 부릅니다.

저는 혼자 있을 때 요한 세바스티안 바흐가 작곡한 '대림 칸타타'(독일에서는 대림 제4주일에 연주되는 곡으로, 가톨릭 성가 180번 '주님의 작은 그릇'이 이에 해당함. - 옮긴이)를 듣거나 헨델의 '메시아' 가운데 대림에 관한 대목을 듣습니다.

가족이 음악을 좋아하고 악기를 연주할 수 있다면, 모두 함께 칸타타를 듣거나 대림에 관한 곡을 연주해도 좋겠지요. 이로써 성탄을 기다리는 마음이 한층 더 커집니다.

새롭게 피어나는 삶
'바르바라 나뭇가지'

기원전부터 유럽에는 동지(12월 22일)를 앞두고 벚나무 가지를 꽂아 두는 풍습이 있었습니다. 한 해 중 가장 어두운 날인 12월 24일에 가지에서 꽃을 피우기 위해서였습니다. 벚나무 가지는 사랑의 가지로 통했습니다. 태양이 지고 날씨가 추워질 때, 사람들의 마음에 따뜻한 온기를 더하고자 하는 마음에서 비롯된 전통입니다.

희망을 상징하는 성녀

그리스도인은 이 풍습을 2~4세기경 순교한 '14명의 수호성인' 중 한 명인 바르바라 성녀 축일(12월 4일)과 연결 지었습니다. 전설은 바르바라가 하느님의 세상에서 오신 분이라고 전합니다. 그녀는 완전함을 상징하는 탑과 함께 묘사되며, 사제의 녹색 제의에도 자주 등장합니다. 이는 그녀가 감옥에 갇혔을 때, 기적처럼 사제가 나타나 성체를 주었다는 이야기 때문입니다. 또 극심한 매질을 당했지만, 하늘에서 내려온 천사들이 치유해 주어 이튿날에는 더 아름다워졌다는 이야기도 전해집니다.

바르바라 성녀의 이야기는 우리의 모든 상처가 고귀한 진주로 바뀔 수 있다는 희망의 메시지를 전합니다. 그녀의 삶은 흔들리지 않는 신앙으로 고통을 어떻게 극복하는지 보여 줍니다.

정원에 가서 벚나무나 개나리 가지를 잘라 따뜻한 방에 꽂아 둡니다. 앙상한 나뭇가지들은 하느님께서 성탄절에 선물처럼 베푸실 것들이 당신 안에서 실제로 피어나리라는 희망을 표현합니다. 또 이 나뭇가지는 당신의 상처를 진주로 바꿔 주는 그리스도의 사랑을 상징합니다. 이는 바르바라가 감옥에서 체험한 그리스도의 빛이 당신의 두려움이나 비좁음이라는 감옥을 비추어 그분의 사랑으로 충만하게 한다는 것을 보여 줍니다.

우리에게는 희망을 일깨우는 의식이 필요합니다. '바르바라의 나뭇가지' 의식을 통해 우리 안에서도 사랑이 강하다는 것, 빛이 어둠을 밝힌다는 것을 체험할 수 있습니다.

기다림의
대림 시기

    대림환의 초에 불을 밝혀 봅니다. 그런 다음 두 손을 포개어 가슴에 올리고 눈을 감습니다.

    이제 당신 안에서 어떤 감정들이 올라오는지 관찰합니다. 그 감정들의 근원으로 가서, 그 안에 숨어 있는 갈망을 발견하세요.

    질투심 안에는 사랑에 대한 갈망이, 시기심 안에는 감사와 내적 평화에 대한 갈망이 숨어 있습니다. 분노 안에는 투명함과 자유에 대한 갈망이, 실망 속에는 충만함에 대한 갈망이 숨어 있습니다. 그리고 죄책감 속에서 당신은 깨끗함과 순수함에 대한 갈망이 있음을 알게 됩니다.

    두 손을 가슴에 얹고 있는 이 순간, 손에서 전해지는 따뜻함이 온몸으로 스며드는 것을 느껴 보세요. 그 온기 속에서 당신 안에 자리한 깊은 갈망에 온전히 집중해 봅니다.

그리고 고요히 자신에게 이야기하세요.

"내 안의 갈망 속에는 내가 진정으로 바라는 것들이 담겨 있다. 이 간절한 마음을 통해 하느님께서 나를 부드럽게 어루만지시고 계심을 느낀다. 아기 예수님께서 내 마음속에 태어나시기를 간절히 바라는 가운데, 나는 대림 시기의 참된 의미를 더욱 깊이 깨닫게 될 것이다. 아기 예수님께서는 반드시 내 마음 안에서도 다시 태어나실 것이다."

그렇게 두 손을 가슴 위에 대고 있으면서 거기서 퍼지는 온기를 느껴 보세요. 그런 가운데 당신은 편안함을 느끼게 될 것입니다. 이 의식을 통해 하느님 사랑의 신비를 깨닫게 될 것입니다.

대림환 위의 초들

대림환의 초를 묵상하며 대림 시기 의식을 시작합니다.

대림 첫째 주에는 하나의 초를 묵상하세요. 이 초는 일치와 하나 됨에 대한 갈망을 표현합니다. 당신이 자신과 조화를 이루는 모습, 분열된 것들이 당신과 일치를 이루는 모습, 동시에 세상 만물과 하나가 되는 모습을 그려 보세요.

대림 둘째 주에는 두 개의 초를 묵상하세요. 이 두 개의 초는 당신 안에서 당신을 에워싸고 있는 양극을 표현합니다. 두 개의 초에서 나오는 빛이 당신 영혼 안에 있는 대립적인 면들을 비춥니다. 당신 안에 있는 강함과 약함, 건강한 면과 병든 면, 온전한 것과 깨져 버린 것, 잘 살았던 것과 잘 살지 못한 것을 비추고 있습니다. 이어서 그 빛이 우리 가족 모두를 비춥니다.

대림 셋째 주에는 세 개의 초에서 나오는 빛이 당신의 몸과 영혼의 영역들을 비추어 줍니다. 이는 당신의 존재 전체가 빛나게 하기 위함입니다.

대림 넷째 주에는 네 개의 초가 당신의 일상을 비춰 주는 모습을 그려 보세요. 당신이 하는 일, 가족과 함께하는 삶, 일상에서의 활동과 습관을 비춰 준다고 상상하는 것입니다. 빛으로 오시는 그리스도께서 당신의 일상 속으로 들어오신다고 생각하세요. 예수님은 어린 시절 목수인 아버지 요셉을 도와 평범한 일을 하셨고, 그렇게 지상에 계시면서 우리의 일상에 빛을 비추어 주셨습니다. 그분은 당신의 일상도 새 빛으로 비춰 주실 것입니다.

하느님께서는
고요한 가운데 탄생하신다

대림 시기와 성탄 시기에는 고요함에 자주 잠겨 보세요.

고요한 가운데 내면으로 주의를 돌려 봅니다. 당신 안에서 떠오르는 생각과 감정들에 주목하세요. 그러나 그 감정들을 평가하지 말고, 그것들을 지나 점점 더 깊이 들어가세요. 모든 감정과 생각 너머에 있는 영역에 이를 때까지 들어갑니다. 그런 다음 자신에게 이렇게 물어 봅니다.

"거기에서 나는 무엇을 알아차리는가?

이 고요함 속에서 어떤 울림을 느끼는가?

내 영혼은 공허함을 느끼는가?

내 영혼 깊은 곳에 값지고 신비로운 그 무엇이 있는가?

영혼의 가장 깊은 곳에서 어떤 소리가 들리는가?

이 순간, 내 영혼에 가장 필요한 것은 무엇인가?

내 안에서 하느님께서는 어떤 모습으로 현존하시는가?"

이 질문들은 당신 존재의 의미를 생각하게 하고, 내면을 깊이 들여다보게 합니다. 영혼 깊은 곳에서 당신의 진짜 모습을 떠올려 봅니다. 그곳은 하느님의 은총이 머무는 공간이며, 영원한 빛이 샘솟는 곳입니다. 참되고 근원적이며 순수한 당신 안에서 하느님께서 태어나십니다. 당신의 영혼 깊은 곳에서 태어나신 하느님께서는 당신이 참된 자신과 교류하게 하십니다.

다양한 말과 감정과 표상 너머에서 성탄 사건이 일어납니다. 당신의 영혼 깊은 곳에서 아기 예수님이 태어나십니다. 그분은 당신을 새로 나게 하시고, 심리적인 부담에서 벗어나게 이끄십니다. 이제 당신은 구유에 누워 웃고 계시는 아기 예수님처럼 단순히 있습니다.

크리스마스트리 아래

성탄 전야

저희 가족은 감동적인 의식으로 성탄 전야를 보내곤 했습니다. 크리스마스트리의 불빛이 거실을 환히 비추고, 온 가족이 크리스마스트리 아래 모이면 아버지는 루카 복음서에 나오는 성탄 이야기를 읽어 주셨습니다. 이어서 다 함께 성가 '고요한 밤, 거룩한 밤'을 불렀습니다. 이것은 단순한 의식이지만 성탄 전야에 특별한 감동을 줍니다.

한 여성이 전해 주기를, 그녀의 가족은 수백 년 전부터 이어져 내려온 대림과 성탄 의식을 행한다고 했습니다. 가족만의 고유한 의식을 행한다는 것은 그 앞 세대가 지녔던 믿음의 힘과 활력을 다음 세대가 나누어 받는다는 것을 의미합니다. 이런 의식을 통해 자신들의 깊은 뿌리를 깨닫게 됩니다.

의식은 언제나 의미를 지녀야 하고, 또 신중히 행해져야 합니다. 이 의식은 사람들이 성탄과 결부시킨 갈망, 자유와 사랑, 보호, 새로운 시작에 대한 갈망을 선사합니다. 또한 치유하시는 하느님께서 가까이 계시기를 바라는 마음도 지니게 합니다.

당신 가족이 대대로 거행하는 의식들이 무엇인지 생각해 보고, 이 오래된 의식들에 새로운 의미를 채워 보세요. 또는 어떤 의식이 적절한지 생각해 보세요.

세상을 떠난 가족이 그립다면 초에 불을 밝혀 구유 옆에 두세요. 고인은 지금 하늘에서 강생의 신비를 바라보고, 우리는 여기 지상에서 그 신비를 기념합니다. 그러면 성탄이 의미하는 바가 새롭게 다가올 것입니다. 개신교 신학자 디트리히 본회퍼Dietrich Bonhoeffer의 집에서는 성탄절마다 아름다운 의식을 행했습니다. 크리스마스트리에서 가지 하나를 꺾어 먼저 세상을 떠난 가족의 무덤 위에 올려놓는 것이었습니다.

그리스도께서는 우리를 구원하시려고 이 세상에 오셨고, 죽은 이들에게도 영원한 생명을 주고자 하십니다. 성탄 전야를 어떻게 보낼지 가족의 의견을 경청하고 충분히 대화를 나누어 보세요. 단순히 의식의 겉모습에 치중하기보다는, 가족 관계에 초점을 맞추어 서로의 진심을 나누는 대화가 필요합니다. 예를 들어, 서로에게 감사했던 일, 나누고 싶은 추억, 그리고 앞으로 만들어 가고 싶은 소망 등을 함께 나누어 보세요. 이러한 대화는 가족 구성원 모두의 마음을 열고 서로를 더 깊이 이해하게 할 것입니다.

지금 우리 가족이 성탄절과 같은 축일을 함께 보낸다는 것은 주님께서 주신 귀한 은총입니다. 하지만 앞으로도 이러한 가족의 유대가 계속되기를 바라는지 진지하게 생각해 보아야 합니다. 만약 가족 구성원 간의 관계가 멀어졌다고 느껴진다면, 그 감정을 솔직하게 나누어야 합니다. 이러한 고백이 자칫 상처가 될 수 있지만, 더 건강한 관계를 위한 첫걸음이 될 수 있습니다.

하지만 그전에, 무엇이 우리 가족을 이어 주고 있는지 곰곰이 생각해 보세요. 함께했던 즐거운 추억들, 변함없는 애정, 혹은 어려움을 함께 해결한 경험들이 가족을 하나로 묶어 주는 끈일 수 있습니다. 이러한 소중한 가치들을 어떻게 표현하고, 이어 나갈 수 있을지 고민해 보세요. 작은 카드에 손 글씨로 마음을 전하거나, 함께 기억하고 싶은 장소를 방문하는 등 다양한 방법으로 서로에 대한 사랑을 표현할 수 있습니다.

이런 의식을 거행함으로써 주님 안에서 가족 간의 사랑을 다시 확인하고, 앞으로의 관계를 더욱 아름답게 가꾸어 나가는 따뜻하고 뜻깊은 성탄 전야가 되기를 기도할 수 있습니다.

새해
축복하기

'한 해의 마지막'과 '새해의 시작'은 늘 우리를 매료시킵니다. 사람들은 지난 한 해를 잘 마무리하고 새해를 하느님의 축복으로 시작하기를 바랍니다.

저희 가족은 한 해의 마지막 날을 친척이나 친구들과 함께 보냈습니다. 저녁 성찬을 함께하면서 아버지는 매년 감사 인사를 전하셨습니다. 먼저 지난 시간을 되돌아보며 우리 가족이 겪은 모든 일에 감사 기도를 드린 다음 다가오는 새해를 위한 축복을 청했습니다. 그러고 나서 모두 포도주 잔을 들고 건배하며 새해를 시작했습니다.

수도자인 저는 20년 동안 젊은이들이 한 해를 잘 마무리하는 데 도움을 주는 영성 프로그램을 진행했습니다. 저는 참가자들이 지난 시간을 내려놓고 새해로 잘 들어서는 것에 주목했습니다. 12월 31일 밤에는 긴 미사를 드렸습니다. 밤 9시에 시작해서 보통 새벽 2시까지,

어떤 해에는 3시까지 이어 갔습니다. 기도하면서, 침묵하면서, 하느님을 찬미하면서 새해로 넘어갔습니다. 한밤중, 오직 촛불만 빛나는 어두운 성당에 앉아 우리는 침묵 속에서 옛 시간이 지나가고 새 시간이 다가온다는 것에 집중했습니다. 그러면서 우리는 옛것을 내려놓고 새로움을 맞이할 수 있었습니다. 그런 뒤에 우리가 서로에게 처음 건넨 말은 '주님의 기도'였습니다. 우리는 제대를 중심으로 큰 원을 이루며 서로 손을 잡고 조용히 예수님께서 가르쳐주신 '주님의 기도'를 바쳤습니다. 이 순간에 바치는 '주님의 기도'는 우리에게 새로운 의미로 다가옵니다.

한 해 마지막 날 밤에는 침묵 속에서 새해를 맞이해 보세요. 이때 묵상을 위한 음악과 기도를 함께하는 것도 좋습니다. 이 성찰의 시간은 새해를 맞이하기 위한 좋은 의식입니다.

시작을 신뢰하기

두 손을 들어 축복하는 자세를 취하고, 하느님께 기도를 드려 보세요. 마음을 활짝 열어 그분의 사랑과 은총을 받아들일 준비를 하며, 당신의 영혼 깊은 곳까지 그분의 평화가 스며들게 합니다. 이 고요한 순간, 그분의 현존을 온전히 느껴 봅니다.

기도 중에 올 한 해 일어날 모든 일을 축복해 주시기를, 당신의 모든 계획과 만남, 그리고 당신이 이끄는 대화까지 축복해 주시기를 청해 보세요. 하느님의 축복은 당신을 넘어 당신 가까이에 있는 모든 이를 '보호 망토'처럼 따뜻하게 감싸 줄 것입니다. 이 축복은 그들을 질병과 불행과 여러 위험으로부터 굳건히 보호하고, 그들이 잘못을 저질러 해를 입지 않도록 언제나 지켜 줄 것입니다.

'새해' 또는 '열두 달'을 생각하면 무엇이 떠오르십니까? 혹시 당신이 계획한 일들이 먼저 떠오르나요? 아니면 불확실한 미래에 대한 걱정으로 가득한가요? 당신의 마음에 어떤 그림이 그려지든, 하느님의 뜻 안에서 모든 것이 이루어지리라는 것을 믿으세요.

하느님의 축복이 당신의 손을 통해 올해 안으로, 하루하루 속으로 깊이 흐른다고 상상해 보세요. 그분의 은총이 당신의 모든 발걸음을 인도하고, 어려움 속에서도 흔들림 없는 힘을 줄 것입니다. 축복받은 하루, 축복받은 한 주, 축복받은 한 달을 보내리라는 굳건한 믿음으로 오늘 하루를 시작하세요. 이 믿음이 당신의 삶을 밝히는 등불이 되어 줄 것입니다.

내려놓기, 새로운 생명력을 감지하기

사막의 은수자 안토니오는 조언을 구하러 온 어느 수도자에게 이렇게 말했습니다.

"지나가는 것에 집착하지 마시오."

과거의 잘못이나 갈등을 내려놓지 못하고 붙들고 있는 사람들은 새해를 제대로 시작할 수 없습니다.

안토니오 성인이 이야기한 것을 연습해 보세요. 자리에 앉아 눈을 감고 당신이 쉬는 숨에 집중하세요. 숨을 들이쉬면서 새로운 생명력이 당신 안으로 들어온다고 생각하세요. 이어서 숨을 내쉬면서 지난날의 잘못, 갈등, 성공, 대화, 칭찬 등이 당신 밖으로 흘러나간다고 상상하세요. 그리고 숨을 들이쉴 때 당신 안으로 들어오고자 하는 새것에 다시 마음을 여세요. 그것을 15분가량 연습하세요.

그리고 나면 새로움이라는 신비를 깨닫게 될 것입니다. 그리스도인에게 새로움은 성령, 모든 것을 새롭게 만드시는 성령이십니다.

성령께서는 당신이 옛것을 완전히 내려놓고 새로워질 수 있도록 도와주십니다. 무언가 잘못된 일이 있었다면, 그것이 당신의 탓이 아니라고 알려 주십니다. 당신이 무언가를 잘 해냈다면, 그로 인해 자만하거나 남들의 칭찬에 매달려서도 안 된다고 가르쳐 주십니다.

옛것을 내려놓으세요. 그래야 아직 건드려지지 않은 새로운 영이 당신 안으로 흘러 당신을 새로움으로 이끌어 주실 것입니다.

집 축복하기
주님 공현 대축일

어린 시절 저희 형제자매들은 주님 공현 대축일마다 집을 축복하는 의식을 행복하게 지켜보곤 했습니다. 아버지는 분필로 그해 연도와 C + M + B이라는 글자를 대문에 크게 썼습니다. 저희는 그 글자들이 가스파르와 멜키오르와 발타사르를 뜻한다고 생각했지만, 그 글자들은 '그리스도께서 이 집을 축복하신다Christus mansionem benedicat.'라는 뜻이었습니다. 저희는 향 그릇을 들고 집 안 곳곳을 돌아다니며 향냄새를 퍼트렸습니다.

이교도들의 옛 의식에서 유래한 이 관습은 오늘날에도 중요한 의미를 갖습니다. 우리는 이교도들처럼 악령의 세력을 몰아낼 필요가 없지만 우리가 사는 집에도 종종 부정적인 감정들로 차 있습니다. 우리는 성수를 뿌리고 향을 피우며 집을 정화합니다. 그리고 집 안을 다시 예수 그리스도의 영으로 채웁니다.

어떻게 집을 축복하는 것이 도움이 될지 곰곰이 생각해 보세요. 전통적인 집 축복은 대문에서 시작합니다. 분필을 손에 들고 대문에 올해 연도와 축복의 글자들인 C + M + B을 쓰세요. 그런 다음 집 안의 공간들을 지나가며, 이 공간들이 당신에게 어떤 의미를 지니는지 생각해 보세요.

어떤 공간에 들어설 때, 성수를 뿌리고 향을 피우며 축복의 말을 남겨 봅니다. 유익한 말은 남기고, 지난해에 거기서 퍼부었을지도 모를 부정적인 말들은 몰아냅니다.

이렇게 집을 축복하는 가운데 개별 공간들의 중요성을 의식하게 됩니다. 당신이 그 공간들에서 했던 축복의 말을 떠올린다면, 이곳들이 다르게 다가올 것입니다.

집을 축복한 뒤에는 가족이 함께 성찬으로 이 의식을 마무리합니다. 이는 예수님께서 제자들과 나누신 식사를 떠올리게 합니다. 이는 기쁨과 감사와 나눔의 식사입니다. 당신은 집에서 안전과 보호를 느낍니다. 하느님께서 당신과 함께 이 집에 머무십니다. 그렇기에 당신은 기뻐하고 감사하며 그것을 의식적으로 기리는 것입니다.

초 축복하는 의식
주님 봉헌 축일

성탄 시기는 주님 봉헌 축일로 마무리됩니다. 예전에는 하인들이 어느 집에 고용되어 일을 시작했음을 기리는 날이기도 했습니다. 시메온과 한나가 성전에서 마리아와 요셉과 아기 예수님을 만난 것을 기념해 동방 교회에서는 이날을 '만남의 축일'이라 부릅니다. 연로한 시메온은 아기 예수님을 두 팔에 받아 안고 주님을 찬미했습니다. 아기 예수님께서 우리가 사는 세상에 빛으로 오셨다고 노래했지요.

주님 봉헌 축일이 되면 저는 요한 세바스티안 바흐의 칸타타 '나는 만족하나이다Ich habe genug'를 감상합니다. 이는 저만의 의식입니다. 이 곡은 칼 리히터Karl Richter가 지휘하고, 디트리히 피셔-디스카우Dietrich Fischer-Dieskau가 불렀습니다. 바흐가 작곡한 이 칸타타에서 성경에 등장하는 시메온이 한 말을 들을 수 있습니다. 그는 아기 예수님 안에서 구원을 보았고, 그래서 이제 평화로이 떠날 수 있다고 말하지요. 저는 이 놀라운 곡을 들으면서 성탄 시기를 마무리합니다. 이 곡은 그리스도를 제 마음에 들어오게 하고 그분과 함께 일상을 살아가게 합니다.

이날 미사에서 사제들은 제단에 놓인 초들을 축복하고 불을 훤히 밝힙니다. 미사가 끝나면 신자들은 사제가 축복한 그 초를 집으로 가져갑니다. 가능하다면, 당신도 이날 미사에 참례하고 사제가 축복한 초를 집으로 가져가세요. 사정이 여의찮다면, 집에 있는 초에 불을 밝혀도 좋습니다. 집에 모셔 둔 성모상이나 성모 마리아 성화 앞에 타오르는 초를 놓으세요.

성모 마리아는 우리에게 하나의 상징입니다. 성모 마리아처럼 우리도 예수 그리스도의 빛을 이 세상으로 가져올 수 있습니다. 이 세상은 우리를 통해서 더 밝고 더 인간다운 곳이 되어야 합니다. 우리는 빛을 가져오는 사람일 뿐만 아니라 존재 자체로 온전한 빛이라는 것을 잊지 마세요. 타오르는 초는 내면 깊은 곳에서 우리가 누구인지 알려 주려 합니다. 우리는 사람들의 마음을 밝히는 빛입니다.

이제 우리 스스로 초를 축복하는 의식을 거행해 봅시다. 이 초는 당신의 가정을 환히 밝혀 줄 것입니다. 초를 축복할 때는 다음과 같은 기도를 바칠 수 있습니다.

"자비하시고 인자하신 하느님,
저희가 주님 봉헌 축일에 불을 밝히는 이 초를 축복하소서.
초에서 나오는 빛이 저희가 사는 세상과 저희의 일상 속으로
예수 그리스도의 빛을 가져오게 하소서.
그리하여 일상에서 활동하고 일하는 저희도
당신의 빛으로 감화시켜 주시고 축복해 주소서.
예수 그리스도의 탄생을 통하여 빛난 당신의 빛으로
저희의 어둠을 밝혀 주소서.
당신의 빛이 저희가 하는 일 속으로 들어오게 하소서.
저희가 하는 일을 통해 세상이 더 밝아지게 하소서.
그리고 이 빛을 통해 저희가 당신 사랑의 온기를 느끼게 하소서.
저희의 말과 행동 속에 당신의 사랑을 드러내게 하소서.
우리 주 그리스도를 통하여 비나이다. 아멘."

초에
불을 밝히는 의식

조용한 가운데 초에 불을 밝히세요. 이 단순한 의식을 하며 하느님의 빛이 당신의 삶을 비추고 당신의 행복을 바라고 있다는 확신을 가지세요. 물론 촛불을 켜는 것에 당신의 행복이 달려 있지는 않습니다. 그러나 초에 불을 밝히는 것은 당신의 삶이 하느님의 약속 아래 있다는 것을 상징합니다.

"내가 너에게 약속한 것을 다 이루기까지
너를 떠나지 않겠다."(창세 28,15)

이제 타오르는 촛불을 바라보며, 이 빛이 당신의 영혼 깊은 곳으로 스며들어 간다고 생각해 보세요. 억눌린 것, 억압된 것이 숨어 있는 그 영역을 들여다보세요. 당신이 안고 있는 슬픔, 두려움, 실망, 불확

실함, 공허함, 어둠을 바라보세요. 초에서 흘러나오는 따뜻하고 부드러운 빛이 그 모든 것을 비춘다고 상상하세요. 하느님 사랑의 빛이 당신 안으로 스며듭니다.

촛불은 당신을 판단하지 않습니다. 촛불은 당신 안에 있는 모든 것이 그대로 있어도 된다고 말합니다. 그러나 당신 안에 있는 것들은 빛과 사랑으로 변할 수 있습니다. 이 의식에서 많이 생각하는 것은 중요하지 않습니다. 그저 빛이 당신 안으로 들어오게 하세요. 당신의 마음이 얼마나 따뜻해졌는지, 사랑이 당신 안으로 어떻게 흘러오는지, 또 '모든 게 괜찮다.'는 메시지가 당신에게 어떻게 전해지는지 깨닫게 될 것입니다.

어쩌면 당신의 갈망이나 욕구들 또는 잘못한 것들이 수면 위로 올라와 고통스러울 수 있습니다. 그러나 촛불을 통해 당신의 갈망을 살펴보는 것은 좋습니다. 촛불은 당신의 삶이 그렇게 편협하거나 헛되지 않다고 말해 줍니다. 당신 안에는 그분의 빛이 있습니다. 그분의 빛은 당신 안에 있는 것들을 비춰 주고 치유해 줍니다. 또 그것들을 사랑과 희망으로 채워 줍니다.

잡동사니 치우기
사순 시기

사순 시기는 내적 자유를 연습하는 때입니다. 이 연습은 술이나 고기를 의식적으로 포기하는 것에서 시작할 수 있습니다. 내적 자유를 위한 연습은 우리가 하루라는 시간과 정해진 일정을 어떻게 보내는지에 달려 있습니다. 사순 시기에 우리는 정해진 일정을 훌륭하게 해 나갈 수 있고, 또 어떤 것을 취소할 수도 있습니다.

사순 시기는 몸과 영혼을 청소하는 시기입니다. 몸은 단식으로 깨끗해지고, 영혼은 침묵으로 정화됩니다. 이는 우리가 사는 집과 연관 지을 수 있습니다. 사순 시기에 제가 사는 수도원에서는 각자의 방에서 불필요한 것을 정리하려고 애를 씁니다.

베네딕토 성인은 수도자들에게 사순 시기 동안 무엇을 연습할지 정하라고 권고했습니다. 성인의 권고를 받아들여 이 시기 동안 더 많이 기도하고, 더 적게 말하는 연습을 해 보는 것도 좋겠습니다.

사순 시기에 무엇을 시도할지 깊이 생각해 보세요. 그리고 원칙을 정하세요. 사순 시기의 목표는 내적 자유를 얻는 것입니다. 우리는 의식을 통해 내적 자유에 이를 수 있습니다.

이 시기 동안 시간을 잘 관리하세요. 우선 정해진 일정을 살펴보고 시간을 어떻게 쓸지, 어떤 의식을 실행할지 곰곰이 생각해 보세요.

사순 시기에 어떤 의식으로 하루를 시작하고 싶나요? 어떤 의식으로 하루를 마감하고 싶은가요? 언제 침묵하고 묵상하고 싶습니까?

또한 이 시기에는 당신의 집을 정리하세요. 우리는 생각을 흐리게 하는 많은 것들로부터 정화되어야 합니다. 우리가 사는 집도 마찬가지입니다. 당신이 사용하는 공간들을 지나가며 생각해 보세요.

어느 공간에 물건이 가득 차 있나요? 물건이 너무 많아 비좁게 느껴지는 곳은 어디인가요? 어떤 물건부터 치워야 할까요?

그리고 사순 시기에는 먹는 것을 줄이세요. 아침과 점심과 저녁 식사를 위한 작은 의식을 행하세요. 의식적으로 음식을 천천히 음미하는 것은 건강에 좋을 뿐만 아니라, 곧 다가올 부활 축제의 식사를 더욱 즐겁게 만들어 줄 것입니다.

단식을 위한
의식들

최근 들어 단식하는 사람들이 점점 늘고 있습니다. 예전에는 사순 시기는 물론 대림 시기에도 단식을 권고했지요. 의료계는 건강에 이로운 단식 방법을 발견했습니다. 바로 일주일간 단식하면서 물과 차를 마시거나 야채로 만든 죽을 먹는 것입니다.

사순 첫째 주간을 단식하면서 보내려면 의식이 필요합니다. 정화 의식과 함께 단식하세요. 자우어크라우트(Sauerkraut, 양배추를 잘게 썰어서 묽은 소금물로 발효시켜 만든 '양배추 절임'. - 옮긴이), 과일, 죽, 소금 또는 수프를 먹으면 장이 깨끗해집니다.

단식을 위한 의식은 이렇게 이어 나갈 수 있습니다. 단단한 음식을 피하고, 날마다 적어도 3리터의 물이나 차를 마시거나 야채죽을 먹습니다. 단식을 마치는 것도 특정한 의식으로 이루어집니다. 사과 한 개를 천천히 먹거나 마른 빵을 천천히 씹으면서 단식을 끝냅니다.

단식에는 여러 가지 방법이 있습니다. 예를 들어 금요일을 단식하는 날로 정할 수 있습니다. 이날에는 과일만 먹고 차를 마십니다. 어떤 사람들은 저녁 식사 대신 차만 마시기도 합니다. 차를 마시는 것도 단식을 위한 의식입니다. 어떤 방법이든 괜찮습니다.

이런 의식도 추천합니다.

마실 차를 준비하고 초에 불을 밝히세요. 원한다면, 잔잔한 음악을 틀어도 좋습니다. 그렇지 않으면 고요함에 귀를 기울이세요. 차를 한 모금씩 천천히 마시며 차에 함유된 약초의 효능을 느껴 보세요.

밤으로 들어가기
주님 만찬 성목요일

밤은 우리에게 특별한 시간입니다. 예수님께서는 수난을 앞두시고 제자들과 저녁 식사를 하신 후, 밤(어둠)으로 들어가셨습니다. 제자 셋을 데리고 가셨는데, 그들은 이내 잠들고 말았습니다. 그분은 홀로 하느님 아버지께 기도하셨습니다. 그리고 고난의 잔을 거두어 주시길 청하셨지만, 결국 아버지의 뜻에 순명하셨습니다.

주님 만찬 성목요일 미사에서 우리는 예수님의 최후의 만찬을 기념합니다. 최후의 만찬에서 예수님께서는 당신의 끝없는 사랑을 보여 주십니다. 당신 사랑의 표현으로 제자들의 발을 씻겨 주십니다.

저는 전례를 마치고 지하 경당에서 예수님 곁에 머무르는 것을 좋아합니다. 이것은 저만의 의식입니다. 지하 경당에 앉아 있으면, 요한 세바스티안 바흐의 '마태 수난곡'에 나오는 "나의 예수님 곁에서 깨어 있겠다"라는 가사가 떠오릅니다.

제가 중요하게 생각하는 다른 의식도 있습니다.

몇 년 전, 젊은이들을 위한 부활절 프로그램을 진행했습니다. 저는 어둠으로 홀로 들어가 올리브산에서 외로움과 두려움을 견뎌 내신 예수님의 마음을 느껴 보라고 했습니다. 그즈음 몇몇 수사가 수도원을 떠났습니다. 외로움 속에서 저는 이렇게 물었습니다.

"무엇이 나를 지탱해 주는가?"

그 질문 끝에 제가 다른 수사들 때문에 수도원에 사는 게 아니라는 것을 깨달았습니다. 그리고 예수님과 함께 이 길을 가기로 결심하고 "예."라고 대답했던 일도 떠올랐습니다. 그 밤의 고요와 적막 속에서 이 길이 하느님께서 보여 주신 길이라는 확신이 들었습니다.

성목요일에 홀로 밤으로 들어가는 것이 유쾌한 의식은 아니지만, 스스로에게 물어볼 수 있는 소중한 기회입니다.

"무엇이 내 삶을 지탱해 주는가?

나는 어떤 삶을 원하는가?

나는 무엇을 기대하는가?

무엇이 내 삶을 방해하는가?

하느님의 부르심에 나는 '예.'라고 대답할 수 있는가?"

예수님과 함께 밤을 보내는 의식

성목요일 늦은 밤이나 성금요일로 넘어가는 한밤중에 성당으로 가서 깨어 기도하세요. 지금 머릿속에 떠오른 사람들, 특히 고통받는 이들을 위해 기도해 보세요. 당신이 지금 올리브산에서 예수님과 함께 깨어 있다고 생각하면서 스스로에게 이렇게 물어볼 수도 있습니다.

"주님께서 나에게 무엇을 원하실까?

주님께서 나를 어디로 인도하실까?"

물론 집에서 이 밤을 보낼 수도 있습니다. 당신이 묵상하는 자리에 예수님과 함께 깨어 있으면서 말이지요.

홀로 밤길을 걷는 의식

이 밤에 할 수 있는 의식을 한 가지 더 제안합니다. 어두운 밤길을 홀로 걸어 보세요. 이렇게 걸으며 외로움을 견뎌 내는 일은 특별한 체험입니다. 누구나 홀로 자신의 길을 갑니다. 외로움이라는 감정에 집중해 봅니다. 그리고 스스로에게 이렇게 질문해 보세요.

"나는 어떤 길을 걷고 있는가?

나는 외로운 이 길을 어떻게 걸어가는가?"

십자가 모양의 동작 취하기
주님 수난 성금요일

성금요일에는 벽에 걸린 십자가를 집중해서 바라보세요.

십자가는 무엇을 표현합니까?

십자가는 당신에게 어떤 의미를 지닙니까?

성금요일 오후 3시, 예수님께서 십자가 위에서 돌아가신 시간에는 많은 신자가 십자가 경배 예식에 함께합니다. 예식이 끝난 뒤에도 제단에 모셔진 십자가를 손으로 만지거나 입을 맞춥니다.

신자들은 이날 '십자가의 길' 기도를 하며 예수님이 가신 길을 묵상합니다. '십자가의 길'을 묵상하며 천천히 성당을 천천히 돌아보는 것도 좋은 의식입니다. 그러는 가운데 예수님께서 가신 길의 의미를 되새길 수 있습니다.

십자가는 대립적인 것들의 일치를 상징합니다. 십자가는 내가 대립적인 면들과 화해해야 온전해질 수 있다고 가르쳐 줍니다. 성공이

나 실패, 인정이나 거부는 중요하지 않습니다. 헌신하는 사랑만이 중요합니다. 십자가는 또 자유의 상징입니다. 나는 하느님께 속해 있기에 자유롭습니다. 그리고 십자가는 보호의 상징입니다. 십자가는 위협적이고 부정적인 것들로부터 나를 지켜 줍니다.

사랑의 몸짓

성금요일 영성 프로그램에 참여한 젊은이들에게 십자가 모양의 자세로 예수님의 십자가를 묵상해 보라고 권했습니다. 당신도 십자가 모양의 자세를 취해 보세요. 자리에 서서 두 팔을 양쪽으로 넓게 벌리세요. 손을 위로 향하게 하고, 지금 내가 십자가에 못 박혔다고 생각해 봅니다.

나는 나를 십자가에 못 박았습니다. 내 안에는 떨쳐 낼 수 없는 대립적인 것들로 가득 차 있습니다. 나는 쭉 뻗은 팔로 온 세상을 감싸 안고 있다고 느낍니다. 나는 온 세상과 하나가 됩니다. 나는 모든 사람과 하나가 됩니다.

요한 복음에서 예수님께서 이렇게 말씀하십니다.

"나는 땅에서 들어 올려지면
모든 사람을 나에게 이끌어 들일 것이다."(요한 12,32)

사랑의 몸짓으로 우리는 예수님의 사랑을 느낄 수 있습니다. 그리고 사랑의 마음으로 다른 사람들에게 마음을 열고, 십자가에서 완성하신 예수님의 사랑에 그들을 초대할 수 있습니다.

온전히 받아들이는 몸짓

침대나 바닥에 등을 대고 누워 두 팔을 벌려 십자가 모양의 자세를 취하세요. 이때 손은 위로 향하게 하세요. 이제 당신은 받아들일 준비가 되어 있고, 자신을 바칠 준비도 되어 있습니다. 그러고 나서 손을 아래로 내립니다. 동작을 바꾸면 조금 다른 느낌이 들 것입니다. 십자가 모양의 자세는 우리 자신이 십자가임을, 우리가 스스로 대립적인 면들을 못 박았음을 의미합니다. 이 몸짓으로 자신과 화해할 때 내 안에 싹트는 자유가 무엇인지 알 수 있습니다.

십자가 모양의 두 가지 자세를 번갈아 해 보세요. 그런 다음 이렇게 질문해 보세요.

"어느 자세가 나에게 더 와 닿는가?

나는 어떤 내적 자세를 지녀야 할까?

헌신하는 것일까 아니면 받아들이는 것일까?"

이런 질문을 통해 당신은 온전히 받아들인다는 말의 의미를 몸과 마음으로 체험할 수 있게 됩니다.

무거운 짐 땅에 묻기
성토요일

몇 해 전, 젊은이들을 대상으로 부활절을 맞이하기 위한 프로그램을 진행한 적이 있습니다. 당시 참가자들은 '무덤'에 관심을 기울였고, 자신에게 무거운 짐으로 다가온 것들, 늘 질질 끌고 다니던 것들을 그 '무덤' 안에 던져 버렸습니다. 과거의 상처들, 자책감, 해묵은 갈등이 그런 무거운 짐이었습니다. 그들은 늘 과거의 상처 주위를 맴돌았고, 거기서 벗어나지 못했습니다. 또한 자책감에 시달리기도 했습니다.

그들은 공동 의식을 거행하면서 '무덤' 안에 던져 버리고 싶은 일이나 사건을 종이에 쓰고, 그 종이를 '무덤' 안에 던졌습니다. 어떤 날에는 돌을 가지고 그 의식을 진행하기도 했습니다. 자신에게 무거운 짐이 되는 무언가를 돌에 써서 땅에 묻는 것이었습니다.

당신도 이 의식을 따라 해 보세요.

땅에 묻고 싶은 것들, 더 이상 들추고 싶지 않은 것들을 종이에 적으세요. 그것은 지난날의 상처나 가정이나 직장에서 겪는 갈등일 수도 있습니다. 또는 당신이 지금까지 붙들고 있는 환상일 수도 있습니다. 이를테면 당신이 완벽하다는 환상, 당신은 자신이 바라는 대로 이상적이라는 환상입니다. 혹은 깨져 버린 관계일 수도 있습니다. 그런 것들을 모두 종이에 적으세요.

   종이에 적은 것들을 크게 읽어 봅니다. 그런 다음 그 종이를 땅에 묻습니다. 미리 구덩이를 파 두고 종이나 돌을 던지는 것도 좋습니다. 그리고 그 위에 흙을 덮고 꽃씨를 뿌리세요. 또는 나무나 관목을 심어 보세요. 시간이 흐르면, 당신이 땅에 묻은 것 위에 꽃이 피고 열매가 맺힐 것입니다.

부활초와
부활절 성수

파스카 성야의 전례는 매우 인상 깊습니다.

사제는 불을 밝힌 부활초를 들고 "그리스도 우리의 빛Lumen Christi"이라고 외치며 어두운 성당 안으로 들어옵니다. 복사들은 부활초에서 불을 옮기고, 신자들의 초에 불이 퍼지면서 성당은 점점 환해집니다.

사제가 파스카 찬송Exsultet을 노래하는 동안 신자들은 부활초로 자신의 어두운 곳을 비춥니다. 미사 후에는 부활초를 집으로 가져와 부활 시기 동안 불을 밝히며, 그리스도께서 죽음의 나라로 내려가시어 어둠을 당신의 빛으로 밝히셨음을 떠올립니다. 우리는 집 안에 부활초를 켜 놓고 영혼의 어둠을 몰아낼 수 있습니다.

이번에 소개할 특별한 의식은 부활초와 관련이 있습니다.

부활초 장식하기

빛과 부활의 상징이 무엇인지 생각해 보고, 부활초를 직접 꾸며 파스카 성야 전례에 가지고 가세요. 미사가 끝난 다음 집으로 가져와 아침 식사 때마다 불을 밝힙니다.

이제 부활 시기는 더 의미 있는 날들이 됩니다. 당신 안의 어둠이 밝아지고, 굽은 것은 곧게 펴지며, 새 삶을 살아갈 수 있습니다.

성수로 정화하기

두 번째는 성수로 정화하는 의식입니다.

파스카 성야에 사제는 물을 축복하고 세례식에 사용합니다. 부활절 성수는 홍해 바다의 물을 상징합니다. 종살이하던 이스라엘 백성이 홍해 바다를 건너면서 종살이에서 벗어났듯이, 부활절 성수는 우리가 자유를 향해 나아가는 길을 상징합니다.

저희 수도원장은 파스카 성야 때 손님들을 초대하여 부활절 성수를 집으로 가져가게 합니다. 집에서도 이 성수로 정화 의식을 거행하며 부활의 신비를 발견할 수 있습니다. 성수로 하는 이 의식으로 무덤 안에 생명이 있다는 것, 어둠 속에 빛이 있다는 것, 굳어진 것 안에서 이미 새 생명이 움튼다는 것을 깨닫게 됩니다.

생명의
노래 듣기

부활에 관한 음악을 찾으세요. 요한 세바스티안 바흐의 '부활절 오라토리오', 헨델의 '할렐루야', '메시아'에 나오는 아리아 '나는 안다네, 나의 구세주가 살아 계심을', 모차르트의 '환호하라, 기뻐하라 Exsultate, jubilate'를 추천합니다.

눈을 감고 이 곡이 당신에게 생기와 생명을 불어넣어 준다고, 기쁨과 활력, 명랑함, 신뢰를 채워 준다고 상상하세요. 음악은 당신을 생명, 사랑, 기쁨과 만나게 해 줍니다. 당신 안에는 이미 기쁨이 있지만, 일상에서 마주하는 걱정이라는 덮개에 가려져 있었음을 깨닫게 됩니다. 당신은 음악을 들으며 오르페우스(그리스 신화에 나오는 전설적인 악사의 이름. - 옮긴이)이신 그리스도를 떠올립니다.

사랑은 죽음보다 강합니다. 사랑이 내 안에 있습니다. 지금 듣고 있는 이 곡은 영원한 생명 안에서 새롭게 울려 퍼질 것입니다.

일상 변화시키기

부활 시기 동안 일하기 전에 특별히 할 수 있는 의식이 있습니다. 밤에 물고기를 한 마리도 잡지 못한 제자들에게 예수님께서 그물을 오른쪽으로 던지라고 이르셨습니다. 제자들이 그물을 던졌더니, 들어 올릴 수 없을 만큼 많은 고기가 잡혔습니다(요한 21,6 참조). 이 놀라운 모습을 보면서 요한은 베드로에게 "주님이십니다." 하고 말했습니다.

저는 다양한 상황에 직면할 때마다 마음속으로 "주님이십니다." 하고 읊조립니다. 누군가와 대화를 나눌 때도 "주님이십니다."라고 말합니다. 그러고 나면 일상이 달라집니다. 밤에 물고기를 한 마리도 잡지 못한 제자들이 맞이한 잿빛 아침은 부활하신 주님께서 오심으로써 달라졌습니다. 이는 제게도 마찬가지입니다. 그분은 잿빛 아침을 밝은 아침으로, 실패에서 오는 좌절을 감사와 평화로 바꾸어 주십니다. 두려움은 신뢰로, 슬픔은 기쁨으로 바꾸어 주십니다.

하늘이 당신 안에 있다
주님 승천 대축일

17세기의 시인 안겔루스 질레지우스Angelus Silesius는 주님 승천을 기뻐하며 아름다운 시를 지었습니다.

멈춰라,
그대는 어디로 가는가?
하늘이 그대 안에 있다
다른 곳에서 하늘을 찾으면
영원히 놓치고 말리라

예수님께서 하늘로 올라가실 때 제자들은 하늘을 유심히 바라보았습니다. 그때 두 천사가 나타나 이렇게 말했습니다.

"갈릴래아 사람들아,

왜 하늘을 쳐다보며 서 있느냐?

너희를 떠나 승천하신 저 예수님께서는,

너희가 보는 앞에서 하늘로 올라가신 모습 그대로

다시 오실 것이다."(사도 1,11)

우리는 위가 아니라 내면을 들여다보아야 합니다. 예수님께서 우리 안에 계십니다. 예수님께서 계시는 그곳이 바로 하늘입니다.

하늘은 하느님의 영역입니다. 승천하신 예수님께서는 하늘을 우리에게 열어 놓으셨습니다. 하늘은 드넓음, 자유, 아름다움을 가리킵니다. 그리스도의 승천은 우리가 드넓은 하느님 안에서 산다는 것, 하늘이 우리를 감싸안고 있다는 것을 깨닫게 합니다. 우리는 지상이 아니라 하늘에 있는 사람입니다. 이는 우리 삶에 신적 품위를 부여합니다. 누구도 우리를 비좁은 삶의 틀에 놓을 수 없습니다. 아무도 빼앗을 수 없는 드넓음이 우리 안에 있습니다. 우리는 드넓은 하늘에서 숨을 쉽니다. 우리 영혼 안에 하늘의 광채 같은 그 무엇이 있습니다. 그리스도께서 계시는 하늘이 우리 안에 있다면, 우리가 갈망하는 고향이 마음에 마련되는 것입니다.

그리스도의 승천과 관련된 의식을 실천해 보세요.

정원이나 푸른 초원으로 나가 드넓은 하늘을 바라보세요. 그리고 하늘이 당신 안에 어떤 갈망을 일으키는지, 또는 어떤 모습들이 당신에게 떠오르는지 살펴보세요. 그리고 나서 하늘이 당신 안에 있다고 상상하세요.

두 손을 가슴에 올립니다. 그곳에 하늘이 있습니다.

바로 거기서 "우리는 하늘의 시민입니다."(필리 3,20)라고 말한 바오로 사도의 말이 무슨 의미인지 깨닫게 될 것입니다.

하늘을 생각하면서 천천히 걸어보세요. 당신 안에 하늘이 있습니다. 당신 안에 하느님의 드넓음이 있습니다. 하늘이 당신 안에 있을 때 편안함을 느끼게 될 것입니다. 그러면서 당신 안에 있는 일상의 비좁음, 아침마다 시작되는 갈등, 직장에서 받게 되는 스트레스, 자녀에 대한 걱정이 그저 스쳐 지나간다고 상상하세요. 그러고 나면 일상의 비좁음과 억압을 이전과는 다르게 느끼게 될 것입니다.

모든 게 비좁아 보이는 당신 안에 하늘이 열립니다. 당신은 하늘을 품고 있습니다.

바람은 불고 싶은 데로 분다
성령 강림 대축일

성령 강림 대축일에 우리는 성령께서 오심을 기립니다. 성령께서는 폭풍우처럼 오셔서, 두려움에 가득 찬 제자들이 다락방에서 나와 세상으로 나가게 하셨습니다. 예수님의 부활과 성령 강림을 세상에 알리기 위해서였습니다. 성령은 제자들을 움직이게 했습니다.

성경은 세 가지 모습으로 성령 강림을 전합니다.

루카는 폭풍우로 묘사했습니다. 폭풍우는 제자들이 열정을 가지고 용기를 내게 했습니다.

두 번째 이미지는 타오르는 불꽃입니다. 우리의 에너지가 소진되었다면 다시 성령의 불로 충만해질 수 있습니다. 성령의 불이 마음을 뜨겁게 하고 우리가 하는 말도 변화시킵니다. 말을 시작하자마자 우리 마음에 불꽃이 일어납니다.

그리고 요한은 샘의 이미지를 전합니다. 성령의 샘이 우리 안에서 솟구칩니다. 이 샘에서 물을 긷는다면 우리 마음은 쉽사리 메마르지 않을 것입니다. 성령 강림 대축일에 다음 세 가지 의식을 해 보세요.

바람으로 느끼는 성령

먼저 바람 한가운데 멈추어 서 봅니다. 하느님의 영이 불어와 나를 부드럽게 스친다고 상상합니다. 바람이 성령이라고 생각해 봅니다. 주님의 영, 성령이 온 세상에 스며드는 모습을 상상해 보세요. 우리는 이런 방법으로 성령을 체험할 수 있습니다. 주님의 영은 우리 안에 있는 낡고 진부한 것들을 몰아내고 새로움으로 채워 주십니다. 성령은 하느님의 부드러운 사랑입니다. 그 사랑이 당신을 부드럽게 어루만져 줍니다. 바람이 당신을 부드럽게 스치듯이 말이지요.

성령의 불꽃

자리에 앉아서 성령의 불을 묵상하며 두 번째 의식을 시작해 보세요. 당신 마음에서 이 불꽃이 꺼지고 있다면, 재 아래에 남아 있는 성령의 불꽃을 떠올립니다. 그 불꽃이 마음속으로 들어오게 하세요. 성령의 불꽃이 당신의 마음을 사랑과 온기로 채워 줄 것입니다. 성령의 불꽃이 당신의 말에도 스며들게 하세요. 첫 제자들에게서 그랬듯이, 당신의 말은 성령으로 불타오르게 될 것입니다. 그 말은 사람들의 마음을 움직입니다.

생명의 샘

세 번째 의식은 성령의 샘이 당신 안에 흐른다고 상상하는 것입니다. 그 샘은 당신을 생기 있게 하고 치유합니다. 또 당신을 풍요롭게 하고 정화해 줍니다.

내 영혼 깊은 곳에 성령의 샘이 흐른다고 상상해 보세요. 이 샘은 늘 내 안에 있습니다. 다만 내가 멀리 떨어져 있었을 뿐입니다. 걱정과 불안, 두려움이 이 샘을 덮고 있었던 것입니다. 성령 강림 대축일을 보내면서 나는 성령의 샘으로부터 생기를 얻고 굳세어집니다.

감사하기
추수 감사절

우리에게는 항상 감사할 이유가 있습니다. 추수 감사절에는 특별한 방식으로 자연이 우리에게 준 선물에 감사합니다. 성당의 제대 위에는 올해 수확한 작물들이 놓여 있습니다. 성당을 찾은 이들은 그것을 보면서 자연의 선물에 감사하는 마음을 가질 수 있습니다. 그러나 농부들이 재배한 수확물만 중요한 것이 아닙니다. 추수 감사절은 우리가 성취한 것들에 감사하는 시간입니다.

다음 의식에 당신을 초대합니다.

자리에 앉아 머릿속에 떠오르는 것들과 당신이 살아 있다는 것, 또 있는 그대로 존재한다는 것에 감사하세요. 하느님께서 주신 재능과 다양한 경험들도 감사할 일입니다. 하느님께서 당신 곁에 두신 사람들, 부모와 형제자매들, 당신에게 영향을 준 스승과 사제에게도 감사하세요.

그리고 이 순간에도 감사하세요. 감사한 마음을 가지면 마음은 고요해지고, 평화로 충만해질 것입니다. 그리고 당신의 생각도 달라질 것입니다. 독일어로 '감사하다danken'는 '생각하다denken'에서 유래했습니다. 올바르게 생각하는 사람은 많은 것들에 감사할 줄 압니다. 반대로 감사할 줄 아는 사람은 바르게 생각하고 판단할 줄 안다는 의미도 됩니다. 당신은 언제 감사의 마음을 표현하나요? 누구에게 고마워하나요? 고마움을 모르는 사람은 사물을 있는 그대로 바라보지 못하는지도 모릅니다.

오늘은 감사하기와 올바르게 생각하는 연습을 해 보세요.

기도하는 공간이나 식탁을 올해 수확한 것들로 장식합니다. 당신이 이루어 낸 성과나 당신과 가족의 발전된 모습을 표현한 그림도 좋습니다. 이 장식은 수확의 신비와 기쁨을 함께 전해 줍니다.

감사 편지를 써 보는 것도 추수 감사절에 할 수 있는 훌륭한 의식입니다. 감사의 마음을 전하고 싶은 사람이 있다면 그에게 편지를 씁니다. 반드시 이 편지를 보내야 하는 것은 아니지만, 만약 그에게 전해진다면 서로의 관계는 더욱 깊어질 것입니다.

죽은 이들 기억하기

죽은 이들을 기억하고 추모하는 것은 삶에서 중요한 부분입니다. 가톨릭 교회에서는 11월 1일 모든 성인 대축일과 11월 2일 죽은 모든 이를 기억하는 위령의 날을 지냅니다. 두 축일은 밀접하게 연관되어 있습니다.

모든 성인 대축일은 희망의 축일입니다. 비록 우리의 연약함으로 하느님에게서 멀어져 있지만, 그분의 사랑은 언제나 우리를 거룩함으로 이끄십니다. 위령의 날은 세상을 떠난 이들을 기억하고 그들과의 영적인 유대를 되새기도록 우리를 초대합니다.

다음 의식을 거행해 보세요.

위령의 날에 특별히 기억하고 싶은 고인들을 떠올리며 초에 불을 밝히세요. 그들이 당신의 집을 사랑으로 채우고 그늘진 곳을 빛으로 밝히며 집안의 온기를 전해 준다고 생각해 보세요.

그러고 나면 집이 이전보다 더 편안하게 느껴질 것입니다. 당신은 고인들이 했던 체험들, 그들이 하느님께 구원받은 체험을 나누어 받게 됩니다. 고인들이 당신에게 말하려는 것이 무엇인지 생각해 보세요. 돌아가신 부모님이 가르쳐 주신 것들 가운데 지금 당신에게 필요한 것은 무엇인가요? 원한다면, 고인을 위해 성당 안 성모상 앞에 촛불을 켤 수도 있습니다. 성모님께서 아기 예수님을 다정하게 안고 있듯이, 당신이 기도하면서 떠올리는 고인도 하느님의 품에서 편히 쉬고 있습니다.

사랑하는 사람들이 잠들어 있는 묘지를 방문해 보세요. 고인의 삶과 죽음이 당신에게 주는 메시지가 무엇인지 생각해 보세요.

그리고 당신의 죽음을 생각해 보며 이렇게 물어봅니다.

"나는 이 세상에 무엇을 남기고 싶은가?

오늘이 나의 마지막 날이라면 어떻게 보내고 싶은가?"

당신은 고인들을 생각하며 거행하는 이 의식을 통해 새로운 세계로, 우리를 지탱해 주는 근원적 사고의 세계로 나아갈 것입니다.

맺음말

이 책에 소개한 다양한 의식들을 다시금 되짚어 보며, 저는 여러 면에서 감사의 마음을 가지게 되었습니다. 먼저, 소중한 의식을 물려주신 부모님께 감사드립니다. 또한, 저희 수도 공동체에서 함께 거행하는 의식들과, 동료 수사들 그리고 제가 이끌었던 여러 영성 프로그램에 참여한 분들이 주신 값진 영감들에 대해서도 진심으로 감사드립니다. 특히, 사회와 교회의 변화를 이끌었던 '68혁명 시대'(이와 관련해 '68세대 운동'은 1968년에 젊은이들이 유럽을 비롯한 미국 등지에서 기성 체제에 저항하며 일으킨 사회 변혁 운동을 말함. - 옮긴이)의 경험들도 제게 큰 의미를 남겼습니다. 당시 젊은 수사였던 저는 연로한 수사들이 정해 놓은 의식들을 무조건 따르라는 강요를 받았을 때 강하게 저항했습니다. 그러나 세월이 흐르면서 그 의식들이 지닌 유익함을 새롭게 깨닫게 되었습니다. 더불어, 다양한 영성 프로그램을 함께 진행하면서 새로운 의식들을 시도하고 그 효과를 직접 체험할 수 있었는데, 이 모든 경험 또한 이 책의 귀한 밑거름이 되었습니다.

 독자 여러분도 알맹이 없는 낡은 의식들에서 벗어나 자신만의 고유한 방식을 찾아나서길 권합니다. 나아가 여러분의 삶에 깊은 신뢰와 순수한 기쁨, 진정한 자유, 그리고 따뜻한 사랑을 가져다줄 수 있는 의미 있는 의식들을 발견하기를 진심으로 희망합니다.

안셀름 그륀

옮긴이의 말

'의식儀式'과 관련해서는 의례를 갖추어 공적으로 거행되는 행사들이 먼저 연상됩니다. 공동체나 사회적 차원에서 치르는 결혼식이나 장례식, 여러 형태의 기념식과 축하식, 그리고 교회에서 거행하는 세례식을 비롯한 다양한 전례가 해당되겠지요.

그러나 개인적 차원에서 행할 수 있는 의식들도 많습니다. 예전에 본 어느 외국 영화에서 신변의 위협을 느낀 남자 주인공이 먼 길 떠나기 전에 집 안에서 빙빙 돌던 장면이 떠오릅니다. 앞날이 불확실한 자신에게 행운이 따르기를 바라면서 취한 동작입니다. 고대 로마 시대에는 사람들이 바닥에서 자던 의식이 있었는데, 꿈을 통해 지신地神의 영험을 받기 위해서였다고 합니다.

이 책에서 저자는 바로 개인적 차원에서 실행할 수 있는 다양한 의식을 소개하고, 이에 관해 단계적으로 상세히 기술합니다.

우리는 일상에서 작은 의식들을 행하며 하루를 알차게 꾸려 갈 수 있습니다. 아침에 일어나 오늘 하루를 축복하고, 자신이 하는 일에 집중하고 중간중간에 쉼으로써 활기를 되찾을 수 있습니다. 저녁에는 집에서 편안한 시간을 보내고, 오늘 하루를 돌아보면서 마칠 수 있습니다.

우리는 자연의 리듬에 따라 한 해도 주의 깊게 보낼 수 있습니다. 자연 속에서 사계절을 느끼는 것도 한 방법이라고 저자는 말합니다. 봄에는 산과 들에서 피어나는 새 생명을 바라보면서 아름다움을, 여름에는 삶의 충만함을 느낄 수 있습니다. 수확의 시기인 가을에는 내려놓음에 대해, 쉼을 선사하는 겨울에는 죽음에 대해 생각해 보게 됩니다. 이렇듯 사계절은 우리 삶과도 깊이 연관되어 있습니다.

이어서 저자는 내면으로 시선을 돌리게 합니다. 우리는 자신을 탐색하면서 자기 자신을 느끼고 수용할 수 있습니다. 그런 가운데 자신과 일치하고 변화할 수 있습니다. 그리고 자신이 살아온 삶과 화해하고, 하느님과도 화해할 수 있습니다.

의식을 통해 우리는 가족(부부, 형제자매들, 부모와 나)과 친구들, 대인 관계도 원만하게 유지할 수 있습니다. 진솔한 대화를 나누고 서로 화해하고 결속하면서 더 바람직한 삶을 살 수 있습니다. 또한 의식을 통해 일과 휴식의 조화를 이룰 수 있습니다. 그러기 위해서 일상을 연습의 장으로 활용하고, 하던 일을 잠시 멈추기, 거리 두기 등을 실행할 수 있습니다. 나아가 의식(고별식, 장례식)은 가족이나 지인 등 가까운 사람이 세상을 떠나 슬픔을 겪을 때에도 도움을 주고 그 슬픔을 변화시킵니다.

끝으로 저자는 영적 차원에 주안점을 둡니다. 일상에서 우리는 성호 긋기, 무릎 꿇기 등을 실행하고, 자신이 소지한 물건(반지, 열쇠 등)에 깃든 의미도 영적 측면에서 깨달으면서 영성 생활을 잘해 나갈 수 있습니다. 그리고 교회 전례력에 따라 대림 시기부터 시작해서 모든 성인 대축일(11월 1일)과 죽은 모든 이를 기억하는 위령의 날(11월 2일)에 이르기까지 주요 축일(축제)을 보내기 위한 의식들을 그때그때 실행하며 삶의 신비도 깨달을 수 있습니다.

이렇듯 이 책에 기술된 의식들은 우리가 직면하는 다양한 상황에 적절히 대처하고 앞으로 나아가기 위한 것입니다. 이 책을 통해 그동안 피상적으로만 여겨졌던 의식에 관해 구체적으로 알게 되고 의식의 범위가 매우 넓다는 것과 그 중요성도 새삼 깨닫게 되면서 일상에서 성실히 행해야겠다는 마음도 생깁니다.

누구나 자신의 삶을 잘 꾸리고 행복하게 살기를 원합니다. 그러나 이는 저절로 얻는 게 아님을 우리는 잘 압니다. 어영부영 살아서는 안 되겠지요. 아무런 내적 자극 없이 그날이 그날처럼, 오늘이 어제와 같고, 내일을 오늘과 같이 살아서는 안 되겠지요. 삶을 주도하고 진실하게 살기 위해서는 애써 노력해야 합니다. 이 과정에서 특정한 의식이 도움이 된다고 저자는 강조합니다.

일상에서 행하는 의식은 사실 시간도 많이 필요하지 않습니다. 그때그때 적절한 의식을 꾸준히 행하는 가운데 자기 자신을 느끼고 자신과 마주할 수 있으며, 자신과 일치할 수 있습니다. 그리고 더 주목하며 질서 잡힌 삶도 영위할 수 있습니다.

우리 모두 일상에 충실하면서 작은 즐거움, 소소한 기쁨을 누리고, 또 그것을 소중히 여기며 살아가면 좋겠습니다.

2025년 초여름

황미하